北浦和のパチンコ店が

1000億円企業になった

埼玉・ガーデングループの

小さな奇跡

野地秩嘉

プレジデント社

目次

北浦和のパチンコ店が1000億円企業になった
埼玉・ガーデングループの小さな奇跡

まえがき

パチンコ産業の業界規模は二三兆二二九〇億円（レジャー白書・日本生産性本部二〇一五年）だ。ただし、この数字はパチンコ店に来た客が玉を借りる機械に投入した金額を合計したものだ。いわゆる貸玉料でそれを売り上げと呼んでいる。

そういう性質ではあるけれど、それでも他の業界の売上高と比べてみると、いかにパチンコ業界の売上高が大きいかが実感できる。たとえば映画のそれは六七〇〇億円に過ぎず、出版は一兆五一五億円だ。

パチンコの参加人数一〇七〇万人。年間平均活動回数、平たく言えば一年に何回、ホールに足を運んだかは三二・四回。活動回数の増減をみると、ここ数年、回数はやや増えている。わかりやすく解説すると日本の成人人口（約一億人）の一割がパチンコをやっている。しかも、常連が多い。

埼玉を主な地盤とするパチンコ・スロットチェーン、ガーデングループの売り上げは一〇〇〇億円。もともとは北浦和にあった一軒のパチンコ店だった。現社長、密山根成《もとなり》は一軒を一〇〇〇億企業にした。成長させるために彼がやったことはひとつしかない。企業理念を作ってそれを信じたこと。社員にも企業理念を信じるよう指導したこと。みんなで、自分たちだけの企業理念を作ったことだ。

世の中のビジネスパーソン一般は企業理念をお題目だと思っている。もしくは、ある種の信仰の告白と感じ、敬して遠ざけているかもしれない。そして、企業理念を大切と思っていない人は成功するための手法に傾斜している。成功した時の手法を次の機会にもあてはめている。しかし、成功した手法は実は何度も続かない。いずれ破綻する。

一方、理念はグランドデザインだ。理念を元にした長期的目標があればそれにのっとって新たな手法を開発することができる。

北浦和の一軒のパチンコ店が企業となり、一度も赤字にしていないのは企業理念を信じたからだ。密山根成がやったのはそういうことだった。

1 パチンコ博物館

A SMALL MIRACLE

パチンコ博物館

埼玉県北戸田駅から歩いて二分のところにできたのがパチンコ博物館だ。入場料は無料。昭和初期から二〇〇四年までのパチンコ台が一〇八台と資料が展示されている。開館は午前一〇時から午後六時。老若男女の誰もが入場できるし、手打ちの機械の何台かは実際に玉をはじくことができる。単に機械を飾っているだけではなく、月に何度かイベントを催している。イベントの時になると、入場者はぐっと増える。

案内してくれたのは同博物館主任研究員の牧野哲也だ。パチンコ台は牧野哲也のプライベートコレクションで、小学校五年生から集めたものだという。同博物館は本書の主人公、ガーデングループ社長、密山根成が開設した。加えて、ヤワタグループ会長八幡正毅が協力している。

牧野はこんな解説から案内を始めた。

「一九八五年（昭和六〇年）より前、機械は今のように全国共通ではありませんでした。都道府県の警察がそれぞれ検査や許認可を行っていたのです。ですから、千葉県にあるパチンコ台が東京都にはないといったことも珍しくなかった。当館では、意識的に地方版も展示しています。地方からいらした方が『そうそう、昔、これをやってたんだ』と感じてもらえるようにしてあります」

これまでパチンコはどういった歴史をたどってきたのか。館内のパチンコ台を指さしながら、牧野は解説する。

パチンコの始祖ともいえる遊技機は大正末期から昭和のはじめ頃にかけて登場したものだ。

「一九三〇年（昭和五年）には、投入口に一銭銅貨を入れると玉が出て、入賞すると一銭銅貨またはメダルなどが払い出される形が誕生し、『パチンコ』という呼び名で広まり始めました」

その後、庶民の娯楽として広まったものの、第二次大戦がパチンコ業界に大打撃を与えた。

「全国にあったほぼすべてのパチンコ台が処分されました。ですから、ごくわずかな例外を除き、戦前のパチンコ台は残っていないのです」

ところが終戦の翌年、庶民の娯楽としてパチンコはいち早く復活する。ただ、それもほんのつかの間だった。

「ギャンブル性が高い」と警察から目をつけられ、規制が始まったのである。

「敗戦後の昭和二〇年代、ピーク時には約四万五〇〇〇店舗あったといわれています。豊国遊機の菊山徳治氏が考案した高速連射が可能なパチンコ台をきっかけに、一大ブームが巻き起こりました。しかし、射幸性の高さから、一九五四年には連発式パチンコが禁止となり、一九五六年には、パチンコ店が八八〇〇軒まで激減してしまいました」

業界が胸をなでおろしたのは、警察が「パチンコ禁止」まで踏み込まなかったことだろう。

「もちろん、パチンコをすべてなくしてしまえ、という議論もあったでしょうね。でも、庶民からお酒を取り上げたらどうなるか、と同じで、人間の射幸心は永遠なんです。やはり、日々、人間はいろんなストレスを抱えているわけで、息抜きする部分が必要です。その範疇で許可をしたということでしょう。だから、やっぱりパチンコは大衆のもの、庶民のものという位置づけが大前提なんです。今のようにお客さまが減って、ヘビーマニアの遊びになるというのは、よろしくない傾向に見えます」

苦境に立たされたパチンコ業界ではあるが、一九六〇年代になると、客足が戻ってきた。

「真ん中に〝センター役物〟という仕掛けがついた機械が人気を呼び、さらにその役物と連動した〝チューリップ〟が登場して大人気になりました。チューリップは、一九七〇年代半ばにかけて、日本全国に本格的に普及していったのです」（牧野）

ちなみに間寛平が歌う曲『ひらけ！チューリップ』が発売されたのは、これより後の一九七五年だ。

機器の発達

電動式パチンコ台が登場したのは一九七三年。

「最初はあまり受け入れられませんでした。手打ちのほうがいいというお客さまが多くて。電動ですと、どうしてもお金を使うペースが早くなってしまいますからね。つまり玉を飛ばすペースをコントロールしにくいわけです。また当時は、『他人が出せない台を、自分の手による技術で出す』ことで優越感を感じる人も少なくなかった」（牧野）

とはいっても電動パチンコは手打ちの機器を駆逐していく。

「やはり、慣れなんですね。四、五年のうちに、お客さまは『電動式は楽』であるということに慣れて、逆に『手打ちは疲れる』と言い始めました。上手下手が出にくい点も、支持を集めたのでしょう。一九七七年頃から目に見える形で普及し、手打ちとの比率が逆転していったわけです。ちなみに、一九七六年には、パチンコ人口が三〇〇〇万人に達しました」（牧野）

一九八〇年、「フィーバー」が登場した。

「セブン機と呼ばれることもありますが、台の中央にある図柄がそろったら一度に大量に玉が出るスタイルです。今のパチンコ台の基礎であり、悪く言えばそこから今まであまり進歩していません。パチプロ泣かせの機械でもあり、技術は不要でした。いい意味で言えば、お客さまを平等にした機械なんです」（牧野）

フィーバータイプのパチンコ台の全国設置が認可されたのは、翌一九八一年であり、同時期に羽根もの「ゼロタイガー」も登場し、パチンコ業界飛躍の年になったという。

ところで、かつては「パチンコといえばタバコ」というイメージを持っていた人は多いのではないか。
「じつは、昭和五〇年代ないし六〇年代までは、タバコがパチンコ景品の一番大事なものという位置づけでした。一九八二年には、専売公社のタバコ総出荷量の約一五パーセントが、パチンコ店の景品として消費されていたくらいです」（牧野）
ともあれ、フィーバーや羽根ものの人気にけん引され、パチンコ業界は大いに賑わった。
「一九八二年には、パチンコ店の店舗数が約一万一〇〇〇軒となり、パチンコ市場は三兆円産業になりました」（牧野）
この三兆円という数字を記憶しておいてほしい。八二年にマーケットは三兆円規模だったのが、八七年には一〇兆円になっている。九四年には二〇兆円、九七年には三〇兆円。バブルが崩壊した後、これほどマーケットが成長した産業は他にはない。
話は戻る。一九九五年頃からは、ＣＲ機の全盛時代を迎えた。
「ＣＲというのは、カードリーダーのこと。プリペイドカードの差し込みユニット

がある機械でした」（牧野）
以後、二〇〇〇年代に入ってからも新台は続々と登場しているが、革命的と言えるものはない。パチンコメーカー、ホールともに次の一手を探しながら、じりじりと時間が経っているのが現状だろう。
さて、パチンコ博物館を訪れるのは、パチンコファンだけにとどまらない。昔懐かしいパチンコ台が、動く形で展示してあるのは、きわめて貴重なことなのだ。
「パチンコ台を作るメーカーの方がいらっしゃるケースも少なくありません。『何か今に生かせるアイデアはないだろうか』と。ただ、昔ヒットした台でも、リメイクするとなると規則上難しい。許認可上の問題があるからです」（牧野）
牧野は、現在のパチンコ業界がおかれた状況を憂えながら、しかし、将来へ向けての期待をふくらませている。
「パチンコ台って、本来は多彩なゲーム性があるんです。でも今は、どれもこれも真ん中に液晶がついていて、数字を揃えるものばかり。しかも機械まかせです。お客さまはただ見ているだけ。利用者側の技術介入の余地がない。要するにマンネリになっちゃっているんですよ。もちろん、そうした状況を見直そうという動きも出ています。かつてあったような、アナログのゲーム性を復活させる動きです」（牧野）

パチンコ博物館には栄枯盛衰を繰り返してきたパチンコと庶民の歴史が刻み込まれている。業界に関する本を一冊、読むよりも、そこへ行って、実物を見た方が確実に面白い。

2

有楽会館

A SMALL MIRACLE

有楽会館と密山根成（右）　ラジオ収録にきた大木凡人さんと

父親の死

密山根成は一九五七年、浅草で生まれた。父は喜正、母は、かよ恵。弟と妹がひとりずついる。

戦後、父親はいくつかの事業をやった後、北浦和駅前に有楽会館を開き、母親は浅草で明月園という焼き肉店を始めた。かよ恵は懸命に働き、明月園を軌道に乗せた後に売却。自分で作った財産と夫からの仕送りで密山、妹、弟（祥赫《しょうかく》）の三人を育てあげた。

焼き肉店をやめた後、かよ恵は子ども

を連れて、武蔵小山、浦和と住む家を変えている。理由は教育環境のいいところを探し求めたからだった。

だが密山は武蔵小山よりも浅草時代のことを鮮明に覚えている。それはパチンコにかかわるある事件があったからだ。

彼はまだ幼稚園児だった。近所に住んでいた小学生とふたりでパチンコ店に行って、落ちていた玉を集め、チョコレートに換えた。それも一枚や二枚ではない、落ちていた玉で板チョコ一〇枚をせしめてきたのだった。

うちに帰ってチョコレートの包装紙を開けようとしたところ、母が鬼の形相で訊ねた。

「お前、それ、どうした？　どこで買った？」

密山が小さな声で「パチンコ屋さんでもらった」と告げたとたん、母親の手が頬に飛んできた。

「さあ、お母さんと一緒においで。ぐずぐずするんじゃないよ」

かよ恵は息子の手をぐいぐい引っ張って、パチンコ店に入り、景品の交換所に立つと、チョコレートを差し出し、頭を床と平行になるまで下げて謝った。

「ごめんなさい。この子が落ちている玉でこれと交換したんです。本当にすみません。二度とこんなことはさせません。許してください」

景品場にいたおばさんは「お母さん、子どもだから仕方ないですよ」となだめてくれた。だが、かよ恵は涙を流しながらもきっぱりと言った。

「いいえ、子どもだからいけないんです。子どもが泥棒の真似をしちゃいけないんです」とまた頭を下げた。

密山はもじもじしながら、そばに立っているしかなかった。いまでも母親が頭を下げていた姿を思い出すのだが、その光景はすぐに頭から振り払うようにしている。

かよ恵は「自分は教育を受けていないから」、子どもにはいい学校、いい教育環境を与えなくてはならないと心に決めていた。浅草の繁華街は教育上よろしくないので、都内品川区の武蔵小山へ転居した。ただし、そこもまた繁華になってきたので、浦和に移る。

地元の中学を卒業した密山は、高校は東中野にある明大中野高校を受験し、合格した。将来、「できれば弁護士になれたらいいな」と思ってのことだった。ただ、彼が高校に入った年（一九七三年）はまだ、日本に帰化しないと司法修習生にはなれなかった。たとえ司法試験に合格しても司法関係の職に就くことはできなかったのである。そこであこがれていた新聞記者になるつもりでいた。ところが三年生の一二月に大きく事情が変わる。

父の喜正が食道がんで急死した。まだ六四歳だった。

本人はこう思い出す。

「授業中、先生に呼ばれて、『密山、うちへ帰れ』と。東中野から浦和にある自宅へ戻ってきたら、家族は病院に行っていた。そして、私が着いたら、もう、父親は亡くなっていて……。母親、妹、弟……。悲しそうな顔はしていたけれど、誰も泣いていなかった。母親が私をじっと見て言いました。

『お店には従業員がいる。あの人たちのことを考えなきゃいけないよ』

親父はいなくなったけれど、店はつぶすわけにはいかなかった。けれどもパチンコ店だけは継ぎたくなかった」

葬儀、納骨、初七日を終えて、学校に行ったら、担任に呼ばれた。

「密山、おまえ、大丈夫か？」

ああ、先生はお金のことを心配してるんだなと思った。

「大丈夫です。大学に行く学費はあります」

「そうか。じゃあ、とにかく大学へ行け」

彼は明治大学政経学部に入学した。

有楽会館

父喜正が始めた有楽会館は三層の建物で、半地下の一階とすぐ上の階が店舗になっていた。最上階には従業員食堂、会議室、そして、後に密山が仕事部屋にする個室、他に六畳間が三室あった。六畳間のひとつにはかつて密山一家が暮らしたこともあった。他の二部屋は従業員の寮として使っていた。

従業員食堂には昼食と夕食を用意するおばちゃんがいた。おばちゃんは食品スーパーから買ってきた惣菜を皿に盛り、ご飯と味噌汁だけは温かいものをこしらえていた。だが、メニューはバラエティに富むものとは言えない。スーパーの惣菜は揚げ物がほとんどだ。従業員が喜んだのは亡くなった父親に代わって社長になったかよ恵が時々、こしらえる本場の焼き肉が出た日くらいだったのである。

従業員は一二人だったが、入れ替わりはあった。当時、パチンコ店で働く者といえば、経営者の縁者もしくは友人知人、あるいは、事情のある人たち……。

スポーツ紙に「従業員募集」と広告を載せる。すると、翌朝、広告が載った新聞と履歴書を持った人間が現れる。ごく簡単な面接の後、採用になる。店長が雇った従業員を階上の寮もしくは近所に借りていた民間アパートに連れていき、身の回りの品物を部屋に入れる。雇われた新人はそのままホールに戻り、仕事が始まる……。

大学を出た新卒が一軒のパチンコ店に入社してくるなど考えられない時代だった。また、採用された人間のなかには、一年以上続く者もいたけれど、給料をもらったら、翌日にはいなくなっているというケースも少なくなかった。それでも、有楽会館は儲かっていたし、待遇は良かったので、五年、六年と勤める者もいたのである。

定着率が低かったのは従業員だけの問題ではなかった。大半の経営者は従業員に長く働いてもらおうとは考えていなかった。長く勤める者がいたら昇給しなければならない。給料を上げるよりも、スポーツ新聞に三行広告を載せて、人を入れる方が手軽だし、また、給与水準を低く抑えることができた。食事、住むところを提供するだけで、研修、教育をして社員の意識を高めようなんて経営者はまずいなかったのである。

その点、有楽会館は他のパチンコ店とはやや違っていた。父親が亡くなり、後を継いでしばらくしてから密山は従業員教育を始めた。ただ、現在のガーデングループ（有楽会館の後身）の従業員教育と比べればお粗末ではあった。それでも、何もやらないパチンコホールよりは従業員のことを考えて、日々、経営していたのである。

従業員を教育することと食堂で出すおかずを少しでもいいものにするというふた

つは密山だけの考えではなかった。かよ恵は自分が苦労していたから、「勉強すれば人は立派になる」「おいしいものを食べれば笑顔になる」と従業員の世話をした。かよ恵はこうも言っていた。

「自分の人生を振り返った時、お金持ちの人が助けてくれたことはなかった。貧しい人、身の回りにいた人が助けてくれた。だからお前も貧しい人、回りの人を大切にしなければいけないよ」

喜正が亡くなった後、かよ恵は毎日、有楽会館へ通い働いていたが、ただ、釘の調整などの専門的な実務はプロの釘師を頼むしかなかった。一九八七年、風俗営業適正化法により台に打ち込んである釘を調整することは禁止されている。しかし、当時はどこの店にも釘師がいて、台に打ち込んである釘を調整していた。

有楽会館でも当時、釘の調整は釘師に、台の入れ替えなどの営業実務は古参の従業員にやってもらっていたのである。

修業時代

密山が大学一年の夏休み、かよ恵はこう命令した。

「品川のおじさんのところで働きなさい」

おじさんとはいえ血縁関係があったわけではない。母親には品川駅前にパチンコ店を経営している知人がいた。その人に「息子を修業させたい」と相談したところ、「ああ、いいよ。うちで預かるよ」という話になっていたのだった。

その頃になると、密山も覚悟を決めていて、一生やるとは思わないまでも、大学を出たら後を継いで、母親が店に出なくて済むようにはしたいと考えるようになっていた。

一九七六年の夏休み。当時のパチンコはフィーバー機が登場する以前だ。電動で玉を打つ機械は標準装備されていたけれど、店内には牧歌的な気配が残っていた。開店時には軍艦マーチがかかる。客がパチンコ台に向かっている最中は「ご来場ありがとうございます。三八番台は大当たり。ありがとうございます。さあさあ、みなさん……」と業界では「あおりマイク」と呼ばれる文句をしゃべる係がいた。そして間寛平が歌う『ひらけ！チューリップ』がフルボリュームで流れる。

そうした時代、店が繁盛するかどうかのカギを握っていたのは経営者ではなく雇われの釘師だった。蔵元が出す酒の味が杜氏の腕次第であるのと同じように、パチンコ店は優秀な釘師がいるかいないかで業績が決まってしまうのだった。

釘師の仕事とは釘の調整である。メーカーから届いた台の盤上にある一五〇〇本から三五〇本の釘を叩いて調整することで、玉が出る数をコントロールする。腕のいい釘師になると、「この台は一四〇パーセントにしよう」「八〇パーセントにしておこう」などと、釘を叩くだけで売り上げを作ることができた。一四〇パーセントとはある日の玉の出方が一〇〇パーセントだとすると、翌日は四〇パーセント分、多く出すように調整するという意味だ。釘の配置を知り尽くした彼らは、釘と釘の間の間隔を空けたり、狭めたりすることで、玉の出具合をコントロールできたのである。

たとえば入賞口と呼ばれるチューリップの上にある釘をほんの少し開く。すると、客が打った玉がどんどん飛び込んでくるようになる。

客の立場から言えば、そういう台を見つけて座れば大当たり間違いなしである。しかし、入賞口の上の釘だけ見ていけばいいというものではない。素人が簡単に見分けられるような釘調整をするのは釘師としては半人前だ。素人がじーっと凝視したからといって簡単には見抜けないような調整をするのが一流の技だった。

密山は二か月間の研修中、もっぱら釘の調整を学んだ。

「お前、のみ込みが早いな」と釘師に言われたくらい、すぐに上達した。もともと無口で内向的なところのある密山にとっては人と話すよりも、釘を叩いていた方が気が楽だったし、面白かった。

なんといっても、盤上にある釘をほんの少し曲げただけなのに、「出ない」と言われていた台が「出る台」に変わる。出力を高めるために車のエンジンをいじっているようなもので、元来、職人気質の密山は釘の勉強に没頭した。品川のパチンコ店での修業が終わった後、店の主人に頼んで、機械メーカーに通い、パチンコ台と釘の勉強に打ち込んだのだった。

ただし、釘調整の効果はフィーバー機が登場してからは限定的になった。そして、いまのパチンコ台はパチンコとスロットマシーンが合体したような機械だ。釘を調整して入賞口に玉が入れば、チンジャラジャラと玉は出てくる。ただし、あくまでチンジャラジャラでおしまいなのである。長い時間、遊ぶことはできる。しかし、釘を調整しただけでは大当たりにはならず、一〇万円、二〇万円分の玉が出てくることはない。

スロットマシーンと同じように、玉が入ったうえに、しかも中央部の数字が三つ並ばないと大儲けはできないのである。

大当たりになるのはあくまで確率だ。これぱかりは機械にプログラミングされているので、人為的に変えることはできない。釘師の役目、役割は事実上なくなったと言える。

パチンコ店がやるべきこと

夏休みが明けた後、品川のパチンコ店、機械メーカーの研修を終えた密山は有楽会館に戻ってきた。

「創業者の息子として店に貢献したい」

そんな気持ちで、自分なりに改革プランも携えて、店に出た。

だが……。

「坊ちゃん、あんたの言うことはわかる。だけど、現実的じゃねえんだよなあ」

その頃、有楽会館の現場を仕切っていたのは従業員ではなく、父親の代から雇われていた専属の釘師だった。釘師とその弟子が毎朝、開店釘を調整し、店を開ける指示を出した。事実上、店の実権を握っていたのは釘師で、従業員は彼らの言う通り動くしかなかったのである。

密山は「どうしようか」と思った。

表面上は「坊ちゃん」と立ててはくれる。しかし、彼が提案したこと、たとえば軍艦マーチをやめてアップテンポの曲にしようとか、開店釘の調整は自分もやってみたいといったことなどは、やんわりと断られる。

「坊ちゃん、あんたはまだ大学生なんだから勉強がいちばんだ。店のことはオレたちにまかせてくれ」

そう言って、密山の言うことに耳を貸そうとしなかった。釘師は有楽会館の売り上げから利益まですべてを把握していた。

「これじゃ、オレの方が雇われているようなもんだ」

せっかく修業に行ったのに、その腕を生かすこともできない。一日の売り上げについて聞いても、「ああ、それはそんなもんですよ」とまともに取り合ってくれない。だからといって密山は反論できない。店の経営について、詳しく知っているわけではなかったから、堂々と主張できないのである。釘師との付き合いを考えると、彼は「やっぱり、パチンコの仕事はやめよう」と思ってしまうのだった。

ある日、開店前のことだった。密山は釘師の弟子が若い従業員をからかっているところを見た。

「キミキミ、立って掃除しちゃいかんだろ。通路は雑巾がけしなくちゃ」

釘師の弟子は、つま先で雑巾を蹴飛ばして、若い従業員に当てた。若い従業員は雑巾は手に取ったが、さすがに通路に這いつくばることはせず、顔色を変えて店から出ていってしまった。

「仕方ねえな。使えねえ野郎ばかりだな」

弟子は舌打ちしたが、密山はその現場を見ていたから、カッと来て、怒鳴った。

「お前、口の利き方に気をつけろ。あいつはオレが雇っているんだ」

弟子はさすがにしまったと思ったのか、ちょっと頭を下げると、これまた店から出ていってしまった。

開店釘の調整をしていた釘師がやってきて、「坊ちゃん、あれはうちの若いのが悪い。しかしね、あんまりきつく叱らないでください。この業界、人手不足なんでね」

それ以上、密山は何も言わなかったけれど、気まずい雰囲気はその後も続いた。

それでも、釘師や弟子は従業員を自分の部下のように扱うことをやめなかったのである。見つけるたびに密山は叱るのだが、ついには釘師も弟子もぷいっと横を向いたまま返事をしないようになった。

その月の給料日の翌朝のこと。いつものように大学に行く前に店をのぞいたら、食堂のおばちゃんと若い従業員のふたりしかいなかった。一二人のうち、九人が店に来ていないのだ。

おばちゃんと若い従業員が困った顔で言った。

「連絡が入らないんですよ。アパートに電話しても出ないし……」

「じゃあ、すまないけれど、アパートまで見に行ってくれないか。開店釘はオレがやるよ」

近所のアパートを見に行った若い従業員が真っ赤な顔で走って戻ってきた。

「部屋の荷物もありません。みんないません」

「えっ……」

密山が問い返したところ、従業員は激しく怒って言った。

「専務、みんないないです。荷物がなかったから」

「だって、もうすぐ開店だろ。なんでいないんだ」

「専務。わかりません。でも、いないもんはいないんです」

釘師は密山が困るように、何も言わずに店を出ていったのだった。

「いま何人、いる?」

「オレとおばちゃんと社長(かよ恵)と専務……」

「そんな。四人か。おばちゃんには景品カウンターに立ってもらう。早番だけだから、四人で何とかするしかない。とにかく店は開ける。母さんを呼んできてくれ。俺は開店の準備をする」

密山の頭にあったのはどんなことがあっても午前一〇時の開店時間を守ることだった。開ける時間を守らない店は絶対に繁盛しない。客は開店後すぐに台を選ぶことが必勝法だと信じているから行列を作る。それが時間が来ても、店を開けなかったら、たちまち信頼をなくすし、怒った客が扉をどんどん叩く。そして、常連客は他の店に行ってしまう。一度、逃げていった客はなかなか戻ってこない。

密山は頭のなかで時間配分を考え、その後知り合いだった町屋のパチンコ店に電話をした。事情を話すと、経営者は「おお、手伝いをすぐに行かせるから」とふたりの従業員を送ってくれた。手慣れた人間だけに心強い。そうこうしているうちに密山の友だち、人のいい金井塚くんが「どうしたの？　大丈夫？」と手伝いに来てくれた。

以後三か月間、密山は一週間のうち、大学に行ったのはせいぜい二日間程度。あとは店長として有楽会館にこもるような生活を続けた。

そしてしばらくの間、有楽会館の開店釘を叩いていたのは彼だ。密山は仕事に打ちこんだ。前日、どんなに遅くまで酒を飲んでいても、ただの一度も開店時間を遅らせたことはない……。

そう書きたいところだけれど、現実はそうではなかった。年に二度か三度は酒の飲みすぎで起きることができず、開店時間を遅らせてしまった。母親からは怒られたし、従業員からはあきれられた。

パチンコ店繁盛の秘訣をつかむ

結局、大学一年の秋から毎日のように店に出るようになり、卒業するまで手伝うことになった。

有楽会館で働いているうちに彼は徐々に変わっていった。パチンコが好きになったのである。正確に言えば、やってくる客と会話するようになってから、パチンコに対しての見方が変わったのだ。

大学生になったばかりの頃は客が好きとは言えなかった。台を叩いたり、店員に突っかかってくる客がいた。嫌悪感しか感じなかった。ある時、店の「島」の間を歩いていて、「お前、ふざけるなよ」という声がした。顔見知りの客で、ガラの悪い男だった。そいつは「表に出ろ」といきなり言った。密山には何ひとつ思い当たるふしはなかったが、男は「お前は気に食わない顔をして、いっつもオレをバカにしている」と言い、路地に呼びこまれた。そして、男は包丁を抜いた。むろん、密山はあわてて逃げたのだが、なぜ、自分が刺されそうになったのか、皆目、見当がつかなかった。ただ、そこまでおかしな客は他にいなかったし、殴ってくる客もいなかった。けれども、ガラの悪い客、店内で唾を吐いたりする客、ガムを通路に吐き出す客は必ず店にいたのである。

あまりの態度に頭に来て、「出ていけ」と怒鳴ったことも一度や二度ではなかった。そして、ガラの悪い客に負けないために、色つきのメガネをかけ、派手なゴルフウェアに身を固めて、粋がって、島と島の間を歩いていた。

「あいつらにナメられてたまるか」

それが若かった彼の気持ちだった。

しかし、あらためて客の立場になってみると、「待てよ」と考え直したのである。

当時のパチンコ店従業員の大半はパンチパーマで、色つきメガネを外すと、目つきの悪い顔をした人間が多かった。

客としてパチンコをやっていた密山が「すみません、入ったのに玉が出ない」と正直に告げても、「お前が嘘ついてるんじゃないか」といった顔でにらむ。

サービス、接客といった雰囲気は皆無で、島に座っている客のそばを徘徊して、何かあったら注意するのが従業員の仕事だった。つまり、監視することがパチンコ店の接客行為で、そのために服装も品がいいものを着る必要はなく、客がこわがるような格好をしていたのである。

「これだからパチンコ屋はダメだ」

彼はハッとした。よく考えてみたら、自分も同じ服装で、同じ考え方をしていた。ということは、いちばんダメなのは自分自身だった。

——オレは派手なシャツを着て、色つきのメガネをかけて仕事をしていた。そうすれば若造だけれどナメられることはないと思った。だが、そんなことはない。お客さんにしてみれば、文句をつけたくなるような格好だ。毎日、ケンカになったのは、オレが粋がった格好をしていたからかもしれない。それじゃいけない。これからは普通の服を着て、どんな客にもできるだけ敬語を使って応対しよう。他の従業員にも「接客をよくしよう」と提案する。よし、オレは今からそう決めた。

不思議なもので、密山自身がブレザーやジャケットを着て、店に立つようにしたら、感化されたのか、従業員も少しずつ変わっていった。パンチパーマをやめて、サラサラヘアにしたり、色つきのメガネをかける人間もいなくなった。肩をいからせて島の間を闊歩することもやめた。ただし、笑顔だけはまだ板についてはいなかった。

有楽会館はほんの少しずつ変わっていき、北浦和にあるパチンコ店のなかでは「客を怒鳴らない店」として認識されるに至ったのである。

だが、それでも時々は「何を」とか「コノヤロー」という声が店に響いたことがあった。ただし、それはたいていは密山本人の声だったのだが……。

当時、本人はパチンコ店に来る客の気持ちを想像したことがある。

「お客さんのうち、七割は負ける。勝つのは多くても三割だ。勝った客はもう一度、勝ちたいと思って足を運んでくる。だが、負けても何度も通ってくる人がいる。いったい、どうしてなんだろう？　なぜ、負けても負けてもやって来るのだろうか？」

思い余って、聞いてみたことがある。ただし、一般の客に聞いたって、「お前、バカにするのか？」と怒鳴られるのがおちだ。母親と顔見知りの老人の客に訊ねてみた。

「あのう、聞きにくいことですけれど、負けたのに、どうして毎日必ずうちに来るんですか？」

老人は笑った。

「そりゃ、居心地がいいからだよ。演歌が聴けるし、コーヒーも飲める。トイレもきれいだし、友だちと話をすることもできるし」

「喫茶店じゃダメなんですか」

「密山くん、喫茶店ってのは一時間もいられないんだよ。それも毎日、長居すると嫌な顔されるんだ。だいたい、タバコを吸えない店が増えたしね。ここなら景品にタバコがあるし、灰皿も替えてくれる。それにね、たまには勝つんだよ。私は使う金は二〇〇〇円までと決めている。今時、二〇〇〇円で午前中、遊ぶことができればそれでいいんじゃないか。密山くん、遊びも文化なんだ」

答えは居心地の良さだった。パチンコはギャンブルだと言われている。金を賭けるための場所だと誰もがわかっている。しかし、毎日賭けていてはどれほど強運な人間でも勝ち続けることはできない。負けることはわかったうえで、パチンコ店にいることを楽しんでいる人間だって、ちゃんといる。

このことは彼にとっては大きなことだった。客は、一獲千金を夢見て店に来ているものとばかり思っていた。考えもせずに、そういうものだと決めつけていた。

いまはこの老人のようなパチンコ店をサロンとしている客が多くなってきているが、駅前のパチンコ店が主流だった当時はまだ若者、サラリーマンが主流だったのである。密山にとっては大きな発見だった。

客が考えていること

密山は店の経営にタッチしていながら「パチンコについて何も知らない」ことに思い至った。

新台を入れると客が増えること、そのためのチラシの文句の書き方、「あおりマイク」でしゃべる言葉の表現……、そうしたものについては詳しくなっていた。しかし、なぜ、客がパチンコ店に足を運ぶのか、なぜ、人はパチンコをやるのか、そういう人を相手にするビジネスをこれからどうやって運営していけばいいのか。

根本的なことを考えたことがないと気づいた。

「この仕事を長くやっていくとすれば、お客さまよりも深くパチンコについて考えなくてはならない」

すぐに答えは出てこなかったけれど、客に訊ねられたら、「私はこういう目的でこの仕事をしている」と言えるようになりたいと思った。

仕事は社会のため、人のためにやることなのだけれど、それを自分の言葉で語れる人間になりたいと思った。自分のなかに太い一本の柱を持っていれば、パチンコ業界のなかで、自分の位置を確保することができる。きれいごとかもしれないけれど、確固たる哲学を持ってのぞめば外からの言葉に影響されることはない。頑固になるのではなく、哲学を持って人の話を聞くことができる。パチンコ業界ではそういう経営者はいないと思った。どの経営者も他の店より儲けることだけを考えている。

「オレはみんなとは違う人間になりたい」

そのためには考えること、言葉を持つことだ。

「よし、では、大きなことを考えよう。賭けるとはどういったことなのか？　人間はどうして賭けるのか？　オレが作るべきパチンコ店はどういった姿のものにすればいいのか？」

ギャンブルとは何かではなく、「賭ける」という行為は人間にとってはどういう意味を持つことなのだろうか。

人は答えを見つけることよりも、大きな問いを持つことでエネルギーを持続させることができる。「知りたい」という気持ちほど強いものはない。性欲、食欲、名誉欲などさまざまな欲があるけれど、何が何でも知りたいという欲は人を行動に導く。知りたいから人は本を読む。人に聞きに行く。知りたいから人は未知の国へ旅立つ。味を知りたいから、食べたことのない料理を食べる。

知りたいという気持ちはすべての欲の根源だ。

密山は問いを見つけた。

「パチンコ店をやっている」と言うと、必ずバカにしたような態度をとる人間に出会う。それまでの密山ならがっかりもしたし、反発もした。だが、他人からどう見られているかなんてことは、自分が抱えた問いに比べれば小さなことだった。大きな問いに対する答えを見つけたい。彼の仕事に対する原動力とは「知らないことを知りたい」という気持ちだった。

卒業してからの遠回り

密山が大学を卒業した一九八〇年、有楽会館は儲かってはいたけれど、周りの状況は少しずつ変わってきた。個人店が主体だったパチンコ業界にダイナムを筆頭にチェーン・オペレーションの企業が登場し、新たな成長が始まったのである。目に見える変化は関西のある企業から始まった。

それより一〇年前の一九七〇年、全国的にボウリングブームが起きた。だが、ブームは五年も続かなかった。ピークの七二年、全国には三六九七か所のボウリング場があったが、四年後には八七九か所に激減している。

廃業したボウリング場の跡地はその後スーパー、紳士服などの専門小売店などになっていくのだが、いくつかの物件はパチンコ店に衣替えしたのである。現在、業界最大手になっているマルハンは静岡でやっていたボウリング場を巨大ホールに改造した。郊外型巨大パチンコ店の先駆けで、関西から台頭してきたマルハンは郊外型パチンコ店を全国に作ることで成長していく。マルハンの戦略に追随するパチンコ店も出てきて、全国各地にボウリング場の跡地を利用したロードサイド型パチンコ店が生まれていく。

ロードサイド店は席数が多く、しかも新式の台を揃えていた。従来、パチンコファンは仕事帰りに駅前の個人店に立ち寄っていたのが、休日に家族でロードサイドの店に通うようになる。有楽会館にも変化の波がやってこようとしていた。

さて、密山は自分の店では店長として働きながら大学を出たが、すぐに実家を継ぐのではなく、都下に本社を持つ武蔵野産業という中堅の不動産会社に入社した。

「一度は別のフィールドで勝負して、自らを鍛えたかった」

本人はそう言っている。むろん、それはその通りなのだろうけれど、一度の人生だから、他の業界ものぞいてみたかったのだろう。

不動産会社で働いたことは彼に大きなメリットをもたらした。勤務したのは二年弱ではあったけれど、その間に不動産の知識を得ることができた。それも営業面だけでなく、接待などのビジネス実務も学んだ。何よりもためになったのは同社の社長、原木幸夫《はらきゆきお》との出会いだろう。当初、原木が密山を入社させたのは、パチンコ業に進出しようとして、一軒の店舗を作った後だった。密山は入社してすぐに「キミ、パチンコ部門の責任者をやってよ」と言われたのだが、「いえ、パチンコならうちでやります。不動産の勉強をさせてください」と断った。密山が原木から教わったのは土地を見る目だった。武蔵野産業は住宅、ビルの売買、賃貸だけでなく、マンション販売、ロードサイドの物件を店舗にして売るデベロッパー業もやっていた。

後に郊外型パチンコ店を展開する時、不動産会社から「これ、いい土地ですよ」と勧められても、密山はなかなか首を縦に振らなかった。業界他社の経営者よりも、パチンコ店に合う不動産物件かどうかを見分ける目を養うことができたのである。物件に対して見る目があることはチェーン展開するにあたって、大きな武器になったと言える。ただ、不動産を売っていた時、密山は「お客さんとはウィンウィンの関係でいたい」という気持ちを捨てられなかった。営業マンとしては優秀なのだが、自分自身が買いたくない、住みたくないと思ったマンションを客にすすめることができないのである。母親のかよ恵からは「お前は正直すぎるから損をする」と言われたことがあったけれど、自分が良くないと思ったものを他人にすすめることができない。その性分は結局、直ることはなかった。

不動産会社で働いた二年間、どんなに遅くなっても有楽会館に立ち寄って、売り上げをチェックした。会館の従業員と一緒に食事をしたり、酒を飲みに出かけた。両方の会社から給料をもらい、熱心に働いていたのが彼のサラリーマン生活であり、その間、二五歳で結婚し、長男が生まれた。休みなく働いたうえ、子育てもしなくてはならなかったのである。

彼が二年弱のサラリーマン生活を終えて、家業を継いだのが一九八三年だ。その頃から、日本は景気が良くなっていき、八〇年代末期はバブル経済となる。

彼は後を継いだ頃から「このまま、一軒の店をやっていていいのか」と自問するようになっていた。しかし、認識はしていたけれど、行動は起こさず、淡々と毎日の仕事をこなす……。

駅前の有楽会館には、次々と客がやってきて、パチンコをして帰っていく。相変わらず台を叩く客がいるたびに「なんだ、あんたは。静かにしろ」とケンカしていたけれど、だんだんその回数は減っていった。

好景気となり、パチンコ店の売り上げは上昇した。同業者のなかには海外に別荘を持ったり、ロールス・ロイスを乗りまわしたり、あるいは名門ゴルフ場のメンバーになる経営者もいた。しかし、密山はまったくそういうことには関心がなく、それまで通りの生活をしていた。はたから見れば謙虚な経営者に見えただろうけれど、本人は悩みと無気力に陥っていた。

本を読む。座禅を組む日々

一九八七年、三〇歳になったある日、ふと気づいた。

「毎日、ゴルフと酒の生活をしていても、ちっとも面白くない」

世の中はバブル景気が始まる直前だった。パチンコは新機種が次々と開発され、新台を投入すれば店は満席になった。しかも、有楽会館は客を監視するのではなく、一応、まっとうな接客サービスを始めていたので、常連客からの評判も良かったのである。

世の中は景気の良さに浮かれていた。普通のサラリーマンが金融機関から大金を借り出して、不動産や株式に金を投ずるようになり、土地の値段は上がっていく一方だった。不動産業、デベロッパーがもてはやされる時代になり、都心には海外の建築家がデザインした奇妙な形のビルが建つようになった。

イタリアンレストランやナイトクラブに客が詰め掛け、高級ホテルの部屋がつねに満室になった。バブル経済の日々は、人々は活力にあふれ、とにかく金を使っていた。


わたし自身、覚えているバブル経済の情景がある。クリスマスイブに銀座の高級イタリアン（すでに倒産している）に出かけていった夜のことだった。当時、デートに使われる都心の高級レストランはクリスマスイブや年末、バレンタインデーになると午後六時からと八時半からの二回営業が当たり前だった。そして、イブの夜のこと、高級イタリアンのドアを開け、階段を下りたら、目の前に不思議としか言いようのない光景が広がっていた。

地下にあった二五席のテーブルの片一方には適齢期の男性がひとりで座っていた。もう片方の席にはまだ誰もいない。男性陣が着ていた服はジョルジオ・アルマーニのダブルのスーツである。制服ではないかと思うくらい、みんな同じ服を着ていた。そして彼らの席の横には水色の紙袋があった。紙袋にはTIFFANY&Co.とロゴがあった。わたし自身、同じスーツを着て、同じ紙袋を持っていた。ウエーターに促されて席に座った後、誰ひとりひとこともしゃべらず、フロアは水を打ったように静まりかえっていた。

約束の時間から遅れること二〇分。顔はいろいろなタイプだったけれど、同じような髪形の女性が同じようなドレスを着て次々と到着。水色の紙袋を開けながら、「わあー、ありがとう」という声のトーンもまったく同じだった。

少なくとも、そこにいた人々はわたしもふくめて陶酔していた。あれほど国民全員が浮かれていた時代は二度と来ないだろう。

そんな時代だったのに密山は浮かれていなかった。すでにふたりの子どもの父親だったこともあるだろう。大きな悩みにとらわれていて、「自分は納得のいかない人生を歩んでいるのではないか」と心底から感じるようになっていた。

「おかしい。オレは三〇歳の時点ではすでに何事かを成し遂げている予定だった。だが、実際には何もやっていない。少しも充実していない。それはなぜだ?」

自信を失って悩んでいたのではなく、自信がありすぎて、成果が出ていないことに不満を覚えていたのである。

「こんなはずではない」と思った彼はゴルフと酒をやめた。すると、他人はますます「謙虚な人、真面目な人」と評するようになる。しかし、本人はもがいていた。手当たり次第に本を読み、講演会に出かけた。中村天風の『成功の実現』、船井幸雄の『プラス発想の視点』をはじめとするビジネス書を読んだ。日本ソフトバンク（当時）の孫正義、パソナの南部靖之、京セラの稲盛和夫といった有名経営者の講演会を聴きに行った。

熱中しはじめると止まらなかった。同じ年頃の独身男性はイタメシやディスコにくり出していたのに、彼は読書と講演会の日々。ときには中村天風の弟子がやっていた座禅を組む会に護国寺まで出かけていった。

普通の人間ならこうした生活を一か月も続ければ飽きてやめるか、もしくは何かをつかんでやめるだろう。しかし、密山は三〇歳から一年近く読書、講演会通いを続けた。むろん、仕事の合間だったし、ゴルフやナイトクラブにも再び出かけるようにはなっていた。子どもを幼稚園にも送っていった。

彼を突き動かしていたのはビジネス本や講演会への関心よりも、「このままではいけない」という漠然とした危機感だった。一軒の店をそのまま続けていればやがてジリ貧になることは明らかだった。

何か行動を起こさなければならないこともわかっていた。しかし、行動に移す気力がなかったのである。

そんな生活が続いたある日、考えがやっと整理された。特にきっかけがあったわけではない。ただ、自分の子どもを見ていて「急に大きくなった」と感じたのである。長男が小学生になり、「お父さんの仕事は何なの?」と聞いてくる。

「子どものためにも一軒のパチンコ屋のままではいけない」

やっと彼は腰を上げ、はっきりとやることを決めた。

「わかったことがひとつ。やることがふたつ」

自分にそう呟いた。

わかったことは「棚からぼたもちはない。成長するには働くしかない」。

やることふたつのうち、ひとつは「目標を持つ」。もうひとつは「決めたことは必ずやり通す」。風邪を引いていてもマラソンを走る。富士山にも毎年、登る。やると決めたらやる。

小学生でも思いつくようなことだけれど、密山がはっきりと認識して、動き出すまで約一年かかった。

「考える時間がこれだけあったのだから、あとは働くだけだ」

よく言えば三〇歳の停滞は熟成の期間だったのかもしれない。

3 変化のあと

A SMALL MIRACLE

変わるきっかけ

「変わらなくてはならない」

そう決めてからも密山の日常は決心の前とはあまり変わってはいなかった。

一九九一年のある朝も彼は長男と長女を自分の車に乗せると近所の幼稚園まで連れていった。浦和にあった自宅から幼稚園までは一〇分程度。大した距離ではない。晴れた日は鼻歌交じりで子どもと話しながら送っていくのが楽しみだった。しかし、雨の日になると、「おい、お前が行ってくれよ」と妻に言い残し、北浦和駅前にあるパチンコホール、有楽会館に出勤する。密山が結婚したのは二五歳で、翌年には長男が生まれている。その後、長女、次女、次男と続き、四人の子どもを育てながら、仕事をしていた。

密山が日々、やっていた仕事とは新台を仕入れるための情報収集と店舗での接客、開店と閉店の作業である。つまり、専務ではあったけれど、店長でもあり、従業員でもあった。そんな有楽会館の営業戦略は「面白い台と新しい台」を並べることだった。

一見して有楽会館の台は、同業他社とは異なっていた。関東三大メーカーの平和、西陣、三共だけでなく、名古屋の三洋、ニューギン、京楽の台を仕入れて置いていたから、「あそこには面白い台がある」と評判になったのである。

加えて、新しい台が出たら、すぐに導入した。この戦略は当たり、有楽会館は北浦和ではもっとも客を呼ぶ店になっていたのである。

変わらなくてはならないけれど、現実に、客足は途切れない。密山は日々、変化する端緒を探しているようなものだった。

自分が変わらなきゃだめだ

ある日のことだった。

パチンコホールが増えるという情報が入ってきたのである。北浦和駅近辺には四軒のホールがあったが、一九九一年のうちに二軒が新設されるという情報を同業者から聞いた。しかも、二軒とも席数は有楽会館よりも多いという。

パチンコをする客は新台でプレーするのが喜びだ。新台を入れた「新装開店」、またホールそのものの新店オープンは客にとって期待が高まるイベントだ。二店が増えたらあおりを食らうのは有楽会館だ。

北浦和駅の乗降客は一〇万四五七六人（一九九二年）である。四軒のパチンコ店がそのまま営業していればどこもそこそこやっていくことのできる規模の商圏である。だが、二軒が新設されるとなると、そうはいかない。少なくとも、当分の間は客が減る。

そして、パチンコ業界は伸びていた。北浦和に出てくるのが二軒でおしまいになるとは限らない。

「冗談じゃない」

密山の不安は増した。

「北浦和の駅前なんて二、三軒が限度なんだ。それなのに、五軒、六軒とパチンコ店が続いて出てきたら……」

答えは密山でなくともわかる。当初、密山は進出を阻止するため、知人に頼んで新設される店の近くに病院を建ててもらおうと思った。病院、学校などがあればパチンコ店、映画館などの風俗営業は許可されないからだ。だが、そんな無茶な計画はさすがに母親に反対されたし、知人にもあっさり断られた。

「こうなったら腹をくくるしかない」

要は、彼は追い詰められたのである。パチンコ店として生き残るために、何かを考えなくてはならなかった。それで、家業経営をやめて企業にしなければならないと決めたのだった。

企業にするという方向は決まった。では、具体的には何をやればいいか。

「全体会議を開こう。企業になるための第一歩として従業員全員で会議を開く」

彼はそう決めた。

翌日のこと、店を開け、客を店内に入れた後、「会議をやる」と手の空いた従業員を集めた。パチンコ店は、年中無休で昼休みなどない。全体会議といっても、実際には一二人の従業員の何人かを集めただけだった。しかし、それでも有楽会館始まって以来の本格的な会議だったのである。

従業員は年齢もバラバラ、仲は悪くはなかったけれど、みんなで一緒に何かをやるという経験はない。

「会議をやる」と決めたのに、招集した時間通りにやってきたのはたった三人だった。三人は店長の大坂さん、食堂のおばちゃん、もうひとりは高校を中退してきたばかりの一八歳の少年。

「あとはどうした?」

「わかりません」

「呼んできてくれ」

残りの三人、高田さん、松本さん、佐藤さんはやや不服そうな顔で会議室にやってきた。密山は多少頭に来ていたけれど、にこやかな顔で話をした。

「みんな、話がある。なるべく短く話すから、ちょっと聞いてほしい。うちは一軒のパチンコ店だ。客は入っているけれど、いつまでも客がやってきてくれる保証はない。現に近所に新しい店がふたつできる。新しい店は新台を用意するから、客はそっちへ流れる」

　密山は従業員の反応を見た。意外と、みんな真剣に聞いていた。

「だけど、うちは座して死を待つわけにはいかない。進出を防ぐために病院を作ろうかと思ったけれど、やめた。一時しのぎだし、だいたい、誰もオレの言うことを聞いてくれなかった。オレたちはオレたちの城をみんなで守らなければならない。そこで、まずオレが変わる。これから経営者になる。そして、早いうちに新しい店を出す。いくつも店を出して、少なくとも埼玉で有数の企業になりたいんだ」

　誰も何も発言しなかった。だが、感動している様子だった。なかのひとりは涙さえ流していた。思えば、密山はそれまでに自分の気持ちを従業員に話したことはなかった。

「ちゃんと社会保険も健康保険も導入する。給料も上げる。だから、これから大変だけれど、一緒にやろう。さて、ついては、まずみんなの意見を聞きたい。会議だから、どしどし意見を言ってほしい」

最初は「うんうん」とうなずいていた様子の従業員たちだったが、「発言しろ」と言われた途端に、誰もが押し黙った。人前で話すことなどなかった彼らにとって、会議で発言するのは照れくさいことだったのである。

密山は番頭役で店長の大坂さんに視線を移した。大坂さんは「いらっしゃいませ。いらっしゃいませ」というあおりマイクが得意の気のいい人で、日ごろはおしゃべりである。だが、会議では発言しなかった。

大坂さんの隣に座っていた高田さんは初老の人でマジメが取り柄。人と話すのが苦手で掃除ばかりしていた。

松本さんは台が故障すると直す係だが、ときどき配線を間違えて、台を壊すことがあった。

そして誰もが会議では発言しない。

会議室は凍り付いたような状態になり、仕方なく、密山はひとりひとり指名して発言を求めた。

大坂さんが立ち上がり、絞り出すような声で話をした。

「専務、わたしは賛成です。ついていきます。でも、何も意見はありません。なんでも命令してください。専務にすべてまかせます」

「うーん、そんなこと言ってもなあ、みんなで考えるのが大切なんだよ。どうだろう、すぐにとは言わない。来週まででいいんだ。こうやりたいという考えが聞きたい」

するとみんなは下を向いてしまう。誰もが真面目だったし、真剣だった。だが、「こうしたい」という希望は一言も出てこない。

そんな時、ひとりがそっと手を挙げた。マジメな高田さんだった。高田さんは手を抜かずに便所の床や便器をピカピカに磨き上げる。密山はいつも用を足すたびに「うちは便所だけはきれいだ」と感心していたのだった。

高田さんは言った。

「専務、申し訳ありません。自分は貧乏だったから、中学、あんまり行ってません。難しい字は読めないし、書けません。それに考えることも苦手です。すみません。考えられませんから、仕事しますす。掃除だけにしておいてください」

そうつぶやいて、会議室から出ていった。黙々と便所の掃除にとりかかった。

密山は「悪いことをした」と思った。高田さんに恥をかかせたような気がした。いたたまれない気持ちになったから、「これで解散」と言って、会議を終わらせた。

——会社にするといっても、すぐにはできない。少しずつ進めないと誰もついてこない。

会議室からひきあげていく全員の背中に声をかけた。

「みんな、ゆっくりやろう。時間をかけて少しずつ会社にしていこう。私は約束は守る、少しだけど、給料は上げる。今度から、みんなと面接して、いくらくらいほしいかを聞く。それに合わせて払う。これからは定期的に会議をする」

初めての全体会議はともかく開かれた。そして、とにもかくにも有楽会館はその瞬間に、一軒のパチンコ店から企業への道を踏み出したのである。

4

生き残るための改革

A
SMALL
MIRACLE

家業から企業への理念づくりと人集め

全体会議を終えて密山は、次の行動を開始した。友人が紹介してくれたコンサルタント会社に出かけていって、「手伝ってほしい」と依頼をしたのである。従業員が一二人しかいないのに、中堅企業相手のコンサルタントに大金を払って契約した。

コンサルタントは密山と最初のうちあわせで、こう提案した。

「まず企業理念を作りましょう。会社には旗印が必要です。それがなければ、どういう人材を集めればいいかもわかりません。手はじめに全社員で企業理念を作ってください」

そこでまた、従業員を集めて会議を開いた。しかし、誰もがピンとこない様子だった。

「仕方がない。最初はオレが作る」

密山はほっとした顔をしている従業員を解散させ、会議を終えた。そして、事務所から出ていき、近所の書店に入った。企業理念が書いてある本はないものかと書棚を探す。

『世界最強の経営理念』

立派なタイトルの本があったので、それを買ってきて、有楽会館にピッタリくるような文句を考えた。

「企業理念・経営理念」

パチンコ事業を主体に、絶えず変化に迅速に対応し、お客さまには楽しく快適な時間・空間（Joyful Time & Dramatic Space）の創造提供を通じ、社会に貢献します。

私たちは……

一　顧客の多様なニーズに対し、総合的に質の高いサービスを創造・提供することにより「顧客満足」を獲得します。

一　計数を把握し、経営体質を強化するとともに適正利潤で営業し、顧客との強い信頼関係を確立します。
一　自分の力を十分発揮し、かつ伸ばせる開放的で何でも話し合える「企業風土」を醸成します。
一　会社の永続発展と「社員の豊かさ」を追求します。
一　「Speed」「Simple」「Slim」の徹底に挑戦します。

聞こえのいい言葉を並べるよりも、まず、自分たちがやれること、やろうとしていることを書いた。「社員みんなで勉強していい会社を目指そう」ということを強調することにした。そして、従業員のことを考えて、難しい表現、横文字はなるべく使わないようにした。お題目でなく、みんなが守ることのできる企業理念にすることがもっとも大切だと思った。

密山本人は、なぜ企業理念を大切と思ったかについてはこう言っている。
「企業理念は道しるべだと思ったんです。正直に言うと、僕は学生時代、自分は頭がいい方だと思っていた。でも社会に出てみるとそれは間違いだとすぐにわかった。自分は大したことない。世の中には自分より優秀な人が大勢いる……。ただ、自分が知らないことを知っている人は大勢いるけれど、ではその人たちがこれからのことを懇切丁寧に教えてくれるわけでもないと悟りました。何か問題やトラブルがあった時、頭のいい人たちだからといって、トラブルが起こる前に教えてくれることはない。ですから、『最初に言ってくれない』とクレームするのは間違いです。何でも自分から訊ねるか、もしくは勉強しないといけない。勉強し続けるための道しるべが、企業理念だと思った」

日本の大手企業ならばどこでも企業理念を持っているだろう。毎朝、唱和している会社もある。しかし、九九パーセントの企業における理念は形骸化しているのではないか。そういう会社の社員のなかには「ふん、企業理念でメシが食えるか」などと公言する人間が必ずいる。

しかし、ほんとうに理念ではメシは食えないのだろうか。

ほとんどの企業の社員は成功の要因は理念とは考えていない。成功したのは「成功した時のやり方が正しかったからだ」と思っている。そこで、次もまた最初に成功した時と同じやり方で仕事にのぞむ。何度も同じやり方で挑戦していると、必ず失敗する。つまり、成功の原因は手法ではなく、基本的な考え方だ。

自分たちだけの基本理念を持つことは成功の原動力でもある。密山が考えたように勉強を続けていれば人間は成長する。そして理念通りに行動すれば成功するための仕事のやり方をいくつも生み出すことができる。理念に含まれている前向きなエネルギーを社員に浸透させ、そのエネルギーを持続させることが成功につながる。理念とは成功を疑う社員の考えを前向きに変えるための武器と言ってもいい。

リーダーは理念をほったらかしにせず、絶えず部下に伝えなくてはならない。また、古くなったり、方向が変わったりしたら、変えなくてはならない。

密山がやったのはそういうことだ。現に彼は一〇年間に四回も企業理念を手直ししている。最初は自分で作り、次は幹部社員に会議させて作った。フィットしない部分があると思ったので、社員全員から意見を募って企業理念に仕立てた。企業理念は小さな会社が成長していく時に必要なものなのだ。

人を入れる

密山が家業をやめて、企業にするために動いたのは九一年だった。当時、パチンコの個人店をやっていた経営者は日本全国にいただろう。密山はそのうちのひとりだ。そのなかで、目はしのきく人間は密山よりも先に企業化を始めている。つまり、業界のなかでも密山が多店舗化を開始したのは早い方ではなかった。先読みして、走りだしたのではなく、じっくりと考え、慎重に行動したのが彼だった。そして、結果としてはそれが良かった。タイミングがぴったりだったのである。

その頃、パチンコホールのチェーン化、大型化、ロードサイド化が進行していた。加えて、異業種からの参入が増えてきたのもその時期だったのである。

同じ九一年にはクレディセゾンが子会社を使い「コンサートホール」という名称のパチンコチェーンを開設した。九三年にはＪＲ北海道、九四年には西友（ホール名シンフォニー）、九五年にはダイエー（同パンドラ）とナムコがパチンコホールを開業した。

バブルが崩壊し、本業の成長にブレーキがかかった流通系企業、私鉄などが遊技人口を増やしているパチンコ業に乗り出してきたのである。流通系企業が目立つのは小売店舗の隣にパチンコ店を開けば集客効果もあるという考え方だったのだろう。

彼らにとっては、パチンコ業は参入障壁が低い業種に見えたのかもしれない。

「パチンコ屋は新しい台を買って、店内空間を整備しておけばそれでいい」

結論としてはその程度の認識で入ってきた企業が多かった。そのため、実際に営業してみたら、立地、接客、台の並べ方ひとつにもノウハウがあることがわかり、苦戦をした。結局、今ではクレディセゾンをのぞいてはいずれも撤退している。

ただし、当時の密山は一軒のパチンコ店の専務に過ぎない。西友やダイエーの店がもし、隣に進出してきたら、壊滅的な打撃を受けると思った。

「ぐずぐずしてはいられない。次は人材さがしだ」

店を増やすのだからいままでよりも多くの人数が必要になる。一気に三店舗をオープンする目算でいたから、少なくとも二十数名の社員がいる。

現場の人間については、知人に頼んだり、現在、働いている人間に友人知人を紹介してもらった。しかし、それはあくまで現場の従業員だ。会社組織にするには全体を統括する営業担当幹部がいる。また、四店舗になったら、母親がすべての経理を見るわけにはいかない。財務もわかる経理担当者が必要だ。

営業の要が必要

まずは営業部長である。密山が「この人たちに相談しよう」と考えたのはパチンコ台の卸売商社にいた山下、同業他社で働いていた和田のふたりだった。それ以前に友人から紹介され、たまに酒を飲む間柄になっていたけれど、ふたりをスカウトできるという目算があったわけではない。山下、和田はすでに責任のある立場だ。一店舗しかない有楽会館にやってきてくれるとは思えなかった。それでも、ふたりとも業界に顔の広い男だったので、「営業部長をやってくれる人を知りませんか」と訊ねてみることにしたのである。

密山は湯島のしゃぶしゃぶ屋に山下と和田を誘った。すると、山下が「もうひとり誘ってもいいか」と聞いてきた。

「ああ、もちろんです」

密山はそう答えた。

当日、密山は先に着いて、しゃぶしゃぶ屋の座敷で待っていた。すると、三人が入ってくる。

山下、和田は「やあやあ」と座布団に座る。ところが、もうひとりの若い男石川は入ってきたとたん、「オスっ」と大声であいさつしたまま、直立不動だった。

気づいた山下が「密山専務、同業で仕事をしている、いまはエリア長です。店長の経験ももちろんあります。そう、彼、石川浩といいます。大学は明治ですよ。専務の後輩になる」と紹介した。

石川は大声で言った。

「オスっ、先輩っ、わたしは明治で応援団に入ってました」

密山は苦笑しながら「とにかく座って、めしを食おうよ」と声をかけた。

その後、石川は緊張して、黙っていた。

しゃぶしゃぶが来る前に、密山はずばり用件を話した。

「実は……。率直に言うと、新店舗を見てくれる営業部長が欲しいんですよ。でも、ねえ……」

山下は笑った。

「密山さん、確かに、率直だね。じゃあ、率直ついでに言うけど、この石川を持ってっていいよ。こいつ、イケイケどんどんの男だから、事業の拡張には向いてる」

密山が石川に視線を向けたら、「オスっ、行きます」と即答した。座布団を外し、「密山社長、よろしくお願いします」と頭を下げた。

えー、こんな簡単に物事が運んでいいのかなと思いながらも密山は「こちらこそよろしく」と頭を下げ、「あのー、オレ、社長じゃないんだ。まだ専務。そこはよろしく」。

石川は間髪を入れずに「オスっ、専務」と怒鳴り、ニコッと笑った。

しゃぶしゃぶ屋の会合から一か月もしないうちに、石川は会社を辞め、有楽会館にやってきた。ひとりではない。事務担当の女子社員をひとり、さらに明治大学の空手部にいた河路芳徳、そして同業の後輩だった富田昇を連れてきた。「ひとりでは組織を動かすことができないから」という理由だった。

密山にしてみれば、まだまだ人は足りない。石川が後輩を連れてきてくれたのはありがたいことだった。

この後、時期は前後するけれど、密山の会社には人が集まってきた。人材派遣の会社に頼むこともあったけれど、大半は密山の友人知人から紹介された人間たちがほとんどだった。

たとえば下池龍はかつて密山が働いていた武蔵野産業からやってきた。川本芳夫は元外資系保険会社のエリートだったが、バブル崩壊で会社が左前になったので、転職してきた。他にも元は焼き鳥店の店主だったり、ナイトクラブの支配人だったりとバラエティに富む前職の人間が入社してきて、密山を支えるようになった。面白いことに、パチンコ業界のプロでなくとも、やらせてみたら力を発揮した男が多かった。外から見れば「パチンコは特殊な仕事」と思われているかもしれないけれど、数字がわかり、接客ができる人間ならば誰でもそこそこはやれるのである。

営業の要だった石川浩は新店舗ができる前から有楽会館のルーティン業務をマニュアル化していった。パチンコ店では営業中よりも、開店前、閉店後の業務が繁忙を極める。仕事のミスもその際に起きることが多い。そこをマニュアル化してチェックすればミスも起きにくくなるし、誰が担当しても一定の仕事の質を保つことができる。

組織がファミリービジネスから企業になるとは、システム化とマニュアル化を進めることに他ならない。

つまり「この人しかできない仕事」をなくすことだ。そして、誰がやっても同じ質になるようにする。

密山は石川と一緒に有楽会館のマニュアル化を進め、それを新店舗に適用していった。

その第一歩が開店前、閉店後の仕事を整理することだった。

たとえば、パチンコ店における開店時の業務は次のようなものだ。実際に見ていると、バタバタと人が走り回っている状況である。

景品場（玉と景品を交換する場所）

景品を数える、ＰＯＳレジ開店処理、入庫、景品補充、忘れ物の処理、景品棚の清掃など。

ホール

電源を入れる、パチンコ台拭き、台のチェック、床をモップがけする、ガラス面・自動ドア・入り口の清掃、玉拾い、ポリロン（玉を磨く研磨剤）の交換、レール・投入口等の清掃をする、ダスター準備、表に止めてある自転車の整理、イベントポスター・イベント札等の販促物を差し替える、金銭・金銭計数・金庫メーターを確認する、両替機・精算機に種銭を入れるなど。

その後、営業中は突発的なことがない限り、顧客の対応にあたる。そして、また忙しくなるのが閉店後である。

主な閉店後の業務は次の通りになる。

景品場

ＰＯＳ閉店処理、景品数え、サイン、施錠、清掃、忘れ物処理など。

ホール

電源をオフにする、ゴミ捨て、ゴミ回収、故障台の修理、ガラス開け、玉拾い、ポリロン交換、投入口・レール・セル板・島ドブ・島下・トヨの清掃等、特殊清掃、自転車の整理、金銭回収、金銭計数機・金庫メーターチェック、翌日の景品仕入れ金の仕分け、粗利の入金、誤差追及、営業報告書・金銭管理表の記入、ホールＣＰＵ・ＰＯＳレジの閉店処理など。

こうしてパチンコ店の仕事を見ていくと、現金にかかわる仕事と清掃のふたつが二本柱だとわかる。現金の計数に間違いがないように気を遣い、さらに、店のなかの環境整備に時間を費やす。それも、毎日、毎日、同じことの繰り返しだ。ただ、それを飽きずにやっていくことが集客に結びつく。

客が好むのは、話題の台が置いてある店、台やホールがピカピカに磨かれている店、従業員がにこにこ笑っている店の三つである。

客商売とは、単純なようだが店舗をつねにきれいな状態で保つこと、従業員が変わらぬ態度で接客できることだ。

「そんなの当たり前じゃないか」

言うのは簡単だ。だが、わかることとやれるかどうかは別だ。実際に、その通りに実現しているパチンコチェーンは決して多くはない。

経理マンは地方銀行から

営業担当をスカウトした後、密山が考えたのは経理の人間だった。その頃は母親で社長の、かよ恵が経理を見ていて、従業員の給料も払っていたのだけれど、店舗を増やし、従業員を入れるとなると、とてもひとりではできなくなる。誰かを雇わなくてはならないのだが、密山にとっては初めてのことだけに、誰にどう相談したらいいのかがいまひとつわからなかった。

経理は営業の人間とは役目が違う。会社の経理を頼むとはつまり、密山家の財布を預けることだ。密山、かよ恵のふたりが絶対的に信用できる人間でなくてはならない。まずは信頼度である。

密山は思い余って、当時、やっと取引できるようになった地方銀行、武蔵野銀行の北浦和支店担当に相談してみた。

「まさか、うちに来てくれるとは思わないけれど、お宅の銀行の関係者で誰かいい人を知りませんか？」

担当はあっさり、請け合った。

「ああ、いいですよ。上司に聞いてみます」

そうして、入社してきたのが関根だった。

密山にしてみれば望外の喜びである。武蔵野銀行といえば地域共存で知られる銀行だ。地元企業を支えることで全国にも知られている。そこから人が来てくれれば経理事務も安心だし、何より有楽会館の信用が増す。

ただし、当の本人は相当、ショックのようだった。覚悟はしてきたのだろうけれど、銀行という職場から突然、パチンコ店の経理マンである。入社して一週間くらいは顔色もよくなかったし、ぼーっとした様子だった。

密山は気を遣って、一緒に飲みに行ったりしたのだけれど、関根は「はあ」を繰り返すばかり。だが、その後、店が増えていくにつれ、関根は元気になっていく。店が増え、数字がよくなったことで安心したようだった。退職する前になると、やたらと明るい男になり、職場で始終、笑っていた。

ただ、彼の後任は同じ銀行からではなく、会計士事務所にいた津金伸二に代わる。津金は銀縁の眼鏡をかけて、つねに微笑みを絶やさない男だ。しかし、目は笑っていない。生まれもっての経理マンと言える。

有楽会館は営業と経理の専門家を新しいスタッフに迎え入れて、パワーアップした。続いて、大学を出て、業界大手で修業していた一〇歳下の弟、祥赫《しょうかく》も入社してくる。密山以下のスタッフは狭い部屋に机を詰め込んで、新しく店を作るための話し合いに没頭した。

5 開店資金の調達

A SMALL MIRACLE

ローズガーデン（与野本町駅）

「ガーデン」の由来

密山が新店舗として考えていた候補地はふたつあった。当初は三つあったのだが、開業資金が足りなかった。そこでひとまず二店舗をオープンすることにしたのである。新店舗の候補地は与野市（当時）と浦和市（当時）だった。

店舗を出店する前にはプロジェクトの名称を付けなくてはならない。それはすなわち、新店舗の店名になる。

だが……。

「有楽会館二号店」ではセンスが古い。

第一、北浦和以外の人は有楽会館を知らない。密山は石川をはじめ、スタッフをつかまえては「何かいい店名はないかな？」と訊ねて歩いた。しかし、ネーミングは難しい。ヘタな案を出して、「センスないなあ」と言われたくはない。誰ひとり、具体的な店名を挙げる者はいなかった。

ふと思いついたのが「ガーデン」という店名だった。与野市にはバラ園がある。また、市の花はバラだったこともあって、「ローズガーデン」という名前が与野の店にはいいんじゃないかと思ったのである。

「では、浦和の店はどうしようか」

続いて、浦和市の市花を調べたところ、サクラソウだった。英語にするとプリムローズ。

「プリムローズガーデン……」

ぴんと来なかったし、だいたい、プリムローズと聞いても、どんな花なのか想像がつかない。発想を変えなくては……。

「二号店は花、庭をモチーフにした店舗でローズガーデン。じゃあ、三店舗目は海をモチーフにしよう。シーガーデンでは海辺のレストランみたいだし……」

海に関連する単語を並べて書いていった結果、シェルガーデンという言葉にたどり着いた。

「よし、これがいい」

そうして、二号店、三号店はそれぞれローズガーデン、シェルガーデンという店名に落ち着いた。その後も密山はアップルガーデン、ガーデンプレイス、ガーデンパーティといった店名をつけるが、数が増えるにしたがって不便な点が出てきた。響きのいい名称なのだけれど、どこにある店なのかがすぐにはわからない。そこで、ガーデンだけを残し、以後は「ガーデン桶川」「ガーデン東浦和」と地名などを付けるようにしたのである。

以後、店が増え、名前が知られていくにしたがって、社内では当たり前のように自社をガーデングループと呼ぶようになった。会社の正式社名は株式会社遊楽だけれど、対外的にはガーデングループとして知られるようになった。有楽会館はこの時からガーデングループに変わった。

ふたつの店を作るにあたって、解決しなければならなかったのは資金だった。二号店を作るための資金は創業の一九五六年以来、貯めた金をあてたけれど、それでは四号店の分が足りない。部長の関根と一緒に、密山は貸してくれそうな金融機関を歩いては融資を頼んだ。

当時、有楽会館がつきあっていたのは信用組合で、日々の運転資金は貸してくれるけれど、それ以上の融資はしてくれなかった。

経理部長の紹介、友人知人のつてを頼りに密山は浦和、赤羽にある七つの金融機関を回った。うち三つは担当が出てきても、腕時計を見ながら、「はあ、はあ」と話を聞くだけ。話していても、見込みはないなと直感したけれど、いずれは世話になるかもしれないと思ったので、先方が切り出す前から、「まず口座を開設します」と伝えた。有楽会館の口座、社長である母親の個人名義の口座、そして、自分名義の口座、子ども四人の口座、あわせて一行あたり七冊の通帳を作った。四九冊もの通帳を作ったけれど、貸してくれたのは、武蔵野銀行と埼玉縣信用金庫だけだった。借りられたことはありがたい。しかし、金利がかかる。密山はオープンすると同時に新店舗を繁盛させなくてはならなかった。そうして少しでも早く金を返さなくてはならない。そうしないと店は増えても、利益が得られずに立ちいかなくなるおそれもあったのである。

五号店の挫折と社員の融合

多店舗展開に乗り出すまで、ガーデングループは北浦和の一店舗が稼ぐしかなかった。それでも、大きな目標が生まれたこともあり、社員はそれぞれが頑張ったのである。

石川や、経理の関根でさえも店の前に立って、呼び込みもした。

「自分が入った以上、売り上げが伸びないと専務が困るだろう」

目の前に目的ができた集団は強い。売り上げと利益も少しずつ増えていったのである。しかも、九五年まではCR機の導入でパチンコブームだった。同業他社が多店舗化を始めた後、いちばん最後に出ていったこともよかった。いわばギリギリ間に合ったのである。

新しくパチンコ店を出店するのは簡単なことではない。パチンコという風俗営業を行うには経営者本人の資格審査がある。新規開業だけでなく新しく店を作るたびに警察の生活安全課に届けなくてはならない。その後、審査を受けて合格すれば、公安委員会から許可が下りる。

犯罪にかかわった者、破産者、未成年者は風俗営業はできない。

世間の人々はパチンコ店経営者は脱税したり、反社会勢力とつながりがあると漠然としたイメージを持っているけれど、実際には法に触れた人間はそもそも経営ができないのである。他人が持っていた経営権を譲渡してもらうということも以前はあったけれど、警察が目を光らせているから、いまは反社会勢力の息のかかった人間がかかわることなどあり得ない。風営法の規制を逃れて、もぐりで小さなクラブを短期間経営することはできても、パチンコ店のような大掛かりなビジネスを届け出もせずに運営することはしょせん不可能なのだ。

つまり、パチンコ店経営はクリーンでなければ、できない商売なのである。

それにしても、新たに一軒のパチンコ店を作るのは簡単なことではなかった。

なんといっても立地である。パチンコ店舗の用地選定と建設工程について説明すると、次のような順序になる。

まずは物件情報を取得するところから始まる。パチンコ業は前述のように風俗営業法で規制されているので、学校、病院、図書館、保育園、幼稚園などから一〇〇メートル以内の場所には立地できない。住宅地もダメ。商業地域、工業地域であっても規制がある。

要するに、パチンコホールに適した物件はそもそも多くはない。そうなってくると、いかに優良物件を見つけられるか、また、見つけたとしても、地主に気に入られるような人間でなくてはならない。優良物件の発掘と地主との交渉が大きなポイントなのだ。物件の発掘に関して密山は恵まれていた。不動産会社にいたから、物件を見る目はある。どこをどう探せば、優良物件を発掘できるかがわかっていた。

加えて、営業マン時代に知り合った不動産業者たちが「お前がやるなら」と、とっておきの物件情報を他社に出す前に早く流してくれたのである。
もうひとつ、ツイていたところもある。九三年はバブルが崩壊して二年経ってい
た。不動産価格は下落していたから、優良物件が少し前よりも安い値段で借りるこ
とができたのである。地主も土地を寝かせているくらいなら、活用してもらおうと
いう態度になりつつあった。また、不動産業者が開発しようとして地上げしたもの
の、資金不足で建築物が建たない土地もあった。
密山はそうしたなかからもっとも魅力的な物件を選び、市場調査、商圏調査を行
った。外部の会社に頼むこともあったけれど、それだけではなく、必ずスタッフと
一緒に自ら、現地に出かけて行った。駅近くの物件であれば電車に乗っていった
し、ロードサイドの物件であればさまざまな方角から車でアプローチした。物件の
ある場所まで自分で運転して、駐車場が道路から入りやすいところにあるかどうか
まで調べたのである。
密山本人はパチンコ店の立地について、こう言っている。
「パチンコや映画館など娯楽産業は立地が重要です。立地については相当、調べま

すけれど、それでもわからないことはある。みんながいいという場所は少ししかないし、そういう場所は家賃が高くなる。一方、『これはどうだろう』というようような、他人が躊躇するような場所に店を出して、付加価値をつける。それが僕らの仕事だと思う。

でも、百パーセント成功したことはありません。これまで三二店舗出して、撤退は四軒です。なかでも岩槻の店は土地選びに失敗しました。いまだに反省してます。やりたい気持ちが大きかったからかなあ。そうなると、目が曇るんですよ」

のちのことになるが、一九九七年、岩槻市（当時）の一六号線沿いに大きな物件が空いていた。駐車場に車三〇〇台以上は止められる場所だ。車に乗って調べに行ったが、駐車場の入口は広いし、何の問題もなかった。そこで、店を建てた。立派な建物ができた。宣伝もした。しかし、どうも客足が伸びない。おかしいと思って、一日、店の駐車場に立って、自分で観察してみた。すると、わかったことがある。店が立地していた場所はごくゆるい坂になっていて、自然とスピードが出てしまう地点だった。

「あっ、パチンコ店がある」

車に乗っている人間が気づいた時にはスピードが出ているので、「まあ、いいか」と店の前を通り過ぎてしまう。結局、その店は早々に閉めて、処分することにした。ところが、これまたなかなか売れないのである。何年か塩漬けにした後、やっと買い手が現れた。それくらい物件の評価とは、綿密にやっても気がつかない微妙なところがある。

物件を評価して、ゴーサインが出たら、資金計画を立て、社内で決定会議を行う。そうして、全社的に「やる」と決めたら、関係当局である警察、消防署へ説明に行き届け出をする。その後、住民への告知と説明がある。住民説明会は「パチンコ店を営業していい」場所でしか開かないので、それほど紛糾することはない。ライバル店の人間が住民と一緒になって、妨害することもあるが、そんなことをしていたら泥仕合になるので、同業他社からのあからさまな妨害は少ない。

やはり忘れてならないのは地主との交渉だ。新店を作るための交渉に際して、地主は必ず、営業しているパチンコホールを視察に来る。ガーデングループが二号店を出す場合であれば、二号店の土地を持つ地主は契約する前に有楽会館を見に来るわけだ。その際、地主がチェックするのは「繁盛しているかどうか」だけではない。店内の造作でもないし、機種が新型かどうかでもない。地主が重要視するのは従業員の服装や接客、言葉遣いだ。パンチパーマや金髪の従業員がくわえタバコでぶらぶらしているような店の経営者が「高い家賃を払います」と言っても、地主はバカではない。自分の大切な土地で商売を実際にやる人間の態度や様子を重んじて、「貸すか、貸さないか」を判断する。

契約が済み、着工して、建物ができればオープンだ。業界関係者の意見では「とにかく早く店を仕上げる」。

「工事費は多少、高くなってもいいから、オープンすると告知してから短期間で店を開くことが重要なんだ。パチンコファンは新しい店ができ、新しい機械があれば必ずやってくる。ぐずぐずせずに店を作るんだ」

ある関係者によれば、「パチンコファンは気が短い。オープンが一年後なんて看板を見ても、よし、行ってみようとはならない」。

みんなで決める

ではパチンコ店を一店開くにはどれくらいの金額が必要なのだろうか。

資料によって、さまざまな数字が出てくるが、一九九三年頃であれば土地代を抜きにして五億円程度というのが相場だ。

土地は自社物件だとする。機械は三〇〇台、うち七割がパチンコ台で、残りの三割がスロットという構成にする。一台の価格は二〇万円から三十数万円。それを三か月に一度は更新する。パチンコは開業資金だけでなく、運転資金も重くのしかかるビジネスだ。

風営法の縛りといい、資金計画といい、パチンコホールの経営にはさまざまなハードルがある。一九九〇年代、流通企業や私鉄大手が参入してきたけれど、資格審査、住民たちへの根回しなど、開店するまでの事務手続き、交渉でへとへとになってしまったのではと思われる。住民説明会を開いて突き上げられれば、大手企業であればあるほど負担になる。異業種が参入してもなかなか成功しなかったのは、パチンコホール経営には独特のカルチャーが根付いているということなのだろう。

有楽会館が出す新店舗はふたつとも店名に「ガーデン」と付けた。三店舗を出すために集めた従業員を二店舗に投入したため、手厚い接客サービスを行うことも可能になった。父親が初めて店を出してから三六年目にして、やっと新店舗を出したわけだ。

以後、ガーデングループは次々と二十数店舗を開設するのだが、最初からずっと守っている決まりがある。

「何か決める時に必ずみんなに相談する」

ガーデングループには社長と社員が一対一で話す社長面接という決め事がある。五〇人、六〇人の企業なら、それは可能だろう。だが、社員が四五〇名になった会社でいまもなお社長との面談を続けている会社はあまり聞かない。現在は希望者のみにしているけれどそれでも七割の社員が手を挙げる。ひとりあたり一〇分~三〇分だけれど真剣に三〇〇人以上の人間と話をするのは容易なことではない。

だが、密山はひとりひとりと話すこと、海外へ全員で社員旅行することのふたつをやめる気はない。

たとえ、社員と話すことだけで一日のスケジュールが埋まってしまったとしても、それはそれでやるしかないと決めている。

なぜ、社長面接をそれほど大切にしているのか。

それは、会社が成長した理由は、社員全員と情報を共有し、全員の意見を取り入れたからと信じているからだ。自分がカリスマになるのではなく、社長もまたひとりの社員となってチームを作る。それがガーデングループの勝ちパターンと思っているのだろう。

一方で彼は外部からさまざまな人材を招いている。それこそ大企業の中枢から呼んできた人材もいれば専門的技能を持った人材もいる。

しかし彼は少数のエリートを重用したことはない。従来から在籍していた人間を無視したりはしない。会議では発言しない人間とも社長面接をすることで、意見をくみ上げている。

成長しようとする企業のトップは外部から人材を招き、その人間たちだけの意見を採用するケースが多いのではないか。少数エリートだけの集団を作って、彼らに組織を引っ張るよう、うながす。最初のうちは従来から在籍している社員たちもおとなしく従っている。しかし、人間は「オレは大切にされていない」と感じると、だんだん仕事をしなくなる。会社を辞めることさえ考えるようになる。

「経営トップを中心とした少数エリート集団が目標を策定する。その他の社員は目標へ向かって一糸乱れず邁進する」

こうした戦略はマネジメントの本には書いてある。だが、不遇な扱いをされた人間の気持ちを考えてはいない。

外部から専門家を招くこと、コンサルタントを頼むこと、いずれも小さな企業が大きくなるには必要なことだ。ただし、それであっても、みんなの意見を聞こうとする姿勢を忘れてはならない。「社員のためを思う」とは、待遇をよくすることだけではなく、意見を聞いて、それが聞くに値することであれば採用する。社員の団結はそこにある。

「オレの意見を聞いてくれた」というのは社員にとってはお金の次に大事なモチベーションだ。

密山は自分の意見がない人間ではない。役員会で全員が反対しても、やりたいことはやる。しかし、決める前には必ず全員の意見を聞く。もっと言えば全員の顔を立てる。おかしなもので、人間は意見を聞いてもらえればたとえ採用されなくとも、うらんだりすねたりはしない。ところが、決定する瞬間に呼ばれていないことがわかると、猛烈に怒る。密山という経営者はマネジメントよりも弱い立場にいる人の心理をよくわかっている。

弱い立場にいる人の気持ちを尊重することについて彼はこう説明する。

「社員を公正に見てあげたい。どういう立場にいる人でも、その人の意見に耳を傾けたい。私は在日韓国人という、どちらかと言えば差別される側にいた人間です。だから弱い立場にいる人の気持ちも尊重してあげたいと思っています」

6

二号店オープン

A SMALL MIRACLE

「毎年海外に行こう」

一九九四年、二号店のローズガーデン（現与野本町店）がオープンした。密山は物件を決め、店のコンセプトは決めたけれど、実際のオープニング作業は石川が担当した。新店作りをやった経験があるから、密山が指示しなくとも、石川の方がよく知っているのである。

石川は毎日、密山に報告した。

「専務、工事が終わったら、新規開店に伴う警察の検査があるだけです」

「従業員の教育は？」

「それはもう進んでいます」

「新規に入れる台の選定は？」

「専務、新規開店だとＣＲ機を優先的に回してもらえます。これさえあればお客さんはやってきますよ」

「じゃ、何かオレがやることはあるの？」

「いえ、何もありません。安心して酒でも飲んでいてください」

そう返されると、密山には何も言うことがない。

石川は続けた。

「準備は終わりました。あとは許可を待つだけです。仕事を早めに切り上げて、待っていてください」

なるほど、そんなものかと思い、仕事が終わると、部下を連れて浦和の居酒屋「一休」や、焼肉「炭火亭」に繰り出した。

警察からの許可が下りる予定の日も、居酒屋で飲みながら報告を待っていた。祝杯を上げようと思っていたのである。

ところが……。午後五時まで待っていても連絡はこなかった。しびれを切らして、部下のひとりが石川に連絡してみたけれど、「いや、まだです。まだ連絡はありません」……。

密山はじりじりした。けれども、ただ待つしかなかった。

翌日もまた夕方から前日とは違う居酒屋へ飲みに出かけた。そして、その日もまた夜半まで待っていたけれど、「許可が下りました」という連絡は入ってこなかった。そして、次の日もまたその翌日も許可は下りない。毎日、違う居酒屋を探しては飲みながら吉報を待つだけ。

内心、「何か違反でもしたんだろうか？」と気にはなるけれど、居酒屋にいた誰もがそれは言い出せない。だいたい、許可が下りないなんてことはないのである。

その日は石川も一緒に酒を飲んでいた。そこにいたみんなは石川の携帯に電話がかかってくるのを待っていた。ちょうど携帯電話が普及し始めた頃だったのである。

石川は酒を飲みながら、隣で飲んでいた教育研修担当の富田に話しかけた。

「富《とみ》ちゃん、オープンだね、やっと。みんな心配してるけど、許可は大丈夫。絶対来るよ。でもさ、当分、忙しいからプーケットには行けないね」

それを聞いていた密山はつい、口をはさんだ。

「石川さん、それから、富田。二号店を成功させて、みんなで海外旅行へ行こう。オレが保証する。店を成功させたら絶対に連れていく。これからうちの社員旅行は毎年、海外へ行こう。約束するよ」

「専務。ほんとですか？　約束ですよ」

「しつこいな。やると言ったらやる。でも、それにしても、いつ連絡来るの、石川さん」

結局、許可が下りたのは予定の日よりも一週間も後のことだった。


ＪＲ埼京線与野本町駅の東口にローズガーデンがオープンする日のことだった。新店の前から与野本町の駅まで行列ができた。パチンコ店の場合、毎日、オープン前には行列ができるのが当たり前だが、新店舗となると、さらに人が集まる。ローズガーデンのための行列は近隣からの抗議電話が殺到したほどの長い行列だった。二号店従業員の初仕事は並んでいる人と近隣の住民に頭を下げて回ることだったのである。

行列はオープニングの日だけではなかった。列は少し短くなったけれど、それでも連日、人は並んだ。業界の売り上げがピークに向かう時期のタイミングのいい開店だったのである。

成功の原因はCR機の台数を近隣の店よりも多数、並べることができたからだった。

当初、プリペイドカードを用いたCR機を採用する店は多くなかった。店としては導入コストが高かったからだ。そのため、従来型の現金と玉を交換するパチンコ台はなかなか減らなかったのである。

九三年、年商二一億円だった同社の売り上げは二年後には、ほぼ五倍の九八億円になった。ガーデングループは追い風に乗ったと言えよう。

この年、密山は長く勤めていた部下から声をかけられたことが忘れられない。ホールでの接客よりもトイレの掃除を好んでやっている人間だった。

「わたしでも役に立つことができましたか？」

密山はすぐに答えた。

「もちろんだよ。あなたのおかげだよ」

「ほんとですか」

「ああ、あなたがトイレの掃除をしてくれたからだ。市議をやってる青羽の健ちゃんがやっぱりトイレがいちばんきれいなのは一号店だなって言ってたもの。いずれ、二号店、三号店のトイレも見てもらうから、よろしくな」

掃除の担当は頭を下げた。

「ありがとうございます」

7

一〇〇〇億円企業へ

A SMALL MIRACLE

店を増やす

九四年から二〇〇〇年にかけてガーデングループは四号店から八号店まで五店舗を新設した。二号店、三号店の成功で資金が潤沢になったこともあり、また金融機関への信用もできた。加えて、取引先や店舗物件の地主が密山たちの仕事を見ていたことが新店舗の建設につながった。

たとえば四号店は東京の板橋に作った。それはシェルガーデン（三号店）の施工を担当したゼネコンの所有地だったのである。

シェルガーデンがオープンし、盛況を続けていた頃、ゼネコンの担当者から連絡があり、会うことにした。

「板橋にある土地を使ってくれませんか？」

担当者は続けた。

「実は御社のみなさんと浦和の店を作ったでしょう。わたしは感心したんですよ。

みなさん、礼儀正しいし、しっかりしている。あれじゃ、私たちは手を抜けませんよ。いや、手を抜く気はないんだけれどね。

みなさん情熱がある。こういう人たちなら絶対、成功するだろうと見ていたら、浦和店はあの通りの行列でしょう。上司にそんな話をしたら、じゃあ、うちの塩漬けになっている土地を使ってもらえ、と。家賃はお互いに損のないところでお願いできれば私どもとしてはありがたい」

密山が交渉したわけではなく、先方から声をかけてきたのである。そして、家賃も思いのほか安かった。

五号店は岩槻の店だ。前述した坂道を下ったところが駐車場になっている店舗だ。ここだけは長くは営業できなかったけれど、それでも抵当金額の三分の一という破格の価格で手に入れていたから損はしていない。この物件もまた一緒に仕事をした関係者から「買ってくれ」と言われて、手に入れたものだ。同様に六号店はリース会社からの紹介で、抵当金額の五分の一というものだった。

土地を探して、いい条件で手に入れるのは密山がもっとも得意とするところだった。本人はその部分については自負があった。そしてわかったことは「仕事を成功させると周りがいい条件の物件を持ってきてくれる」ということだ。

有楽会館という北浦和のパチンコ店だけで営業していたら、地主、建築会社、取引先の人間との出会いはなかった。一緒に仕事をして、結果がよかったら、人は相手を認め、信頼するようになる。その後も、ガーデングループが店を作る場合、自分たちで物件を探したケースより、金融機関、ガーデンに商品を納入している取引先が案件を持ってきたことの方が多かった。周りに助けられて店を増やしてきたのである。

ここは大切な点だけれど、ある企業が周りから好意を得ようと思ったら、必ず守らなければならないことがある。それは取引先、下請け業者に大きな態度を取らないこと。もっと言えば、「うちの商品を買え」とか「うちが応援している政治家の後援会に入れ」などと絶対にもちかけないことだ。

わたしは密山が取引先についての考えを話した瞬間を見たことがある。

ある広告代理店担当者が密山に「新事業の一環として雑誌を作らないか」と提案

した。密山は今もそうだけれど、パチンコ業以外の新事業を探していたので、さまざまな関係者と会っていた。

密山は質問した。

「でも、雑誌は広告が入らないとやっていけないのでしょう？」

広告代理店担当者は答える。

「いえ、御社に飲料、タバコなどの景品を納めている企業があるでしょう。そこにお願いすればいくらでも広告は集まりますよ」

密山は困った顔になった。

「うん、でも、うちは取引先には基本的に、いろいろなお願いをしないと決めているんです。商品を納入してもらえばそれでいい。他のことまで頼んだら、結局、商品の価格に上乗せされるかもしれないし」

関連企業から広告を集めるというのは広告代理店の人間とすれば当たり前の考え方だ。ビジネスとしてはよくある。

「そうですか。いいですね」と即答して、取引先から広告を出してもらう経営者はいるだろう。だが、密山はきっぱりと断った。

取引先は彼の姿勢をよくわかっている。ちゃんとした仕事をしていれば、仕事がなくなったりはしないと安心している。

だから、取引先はガーデングループを信頼しているのだろう。また、細かいことかもしれないが、密山をはじめ、ガーデングループの人間は絶対に「下請け業者」という言葉を使わない。あくまで「お取引先」である。


企業化、多店舗展開にあたり、密山がやったことは何も特別のことではない。企業理念を作り、目標を定めて、社員全員に相談しながら物事を進めることだ。経営の教科書に書いてあることをそのまま実行した。

正直、誠実、約束は守るといった誰にでもできることだけをやった。

本人はこう思っている。

「取引先や金融機関物件を紹介してくれるのは本当にありがたいことなんです。その方が店は繁盛します。地主さんは『あの店は私のものだ』と思う。そうすると、知らない店でパチンコをやるよりも、自分と関係した店でやるようになる。しかも、あの店は私が作ったようなもので、いい店なんだと宣伝してくれる。関係者は多い方がいい。かかわった人たちがみんな喜んで宣伝してくれる」

企業理念と人材集め

ベンチャー企業ができる場合、始まり方はふたつあるのではないか。

ひとつは核になる仲間たちが小さな会社を立ち上げるケース。志を同じくした仲間とともに会社を作る。ソフトバンクはこちらのタイプだ。

一方は、ガーデングループのように家業としてやっていた仕事を企業化していくケースだ。山口県でメンズショップＯＳ（小郡商事の略）の店長をしていた柳井正が一念発起して作ったユニクロはこちらだろう。

発足の経緯は違うけれど、その後の成長過程はいずれのベンチャー企業も似たような道筋をたどる。

当初、小さな企業は金がないし、人もいない。企業理念も持っていない。これを順番に解決しながら成長していくしかない。金は借りてくるか資本を出してくれる人を探す。人はスカウトしてくるしかない。たいていはここで終わりだと思う。だが、長く続く会社にしようと思ったら、企業理念がいる。それも借り物ではだめだ。コンサルタントに頼んだ美辞麗句は社員にとってリアルではない。うとましく感じて、誰もが信じなくなる。自分たちの目標を自分たちの言葉で書いた企業理念がいる。それも経営者ひとりで作るのではなく、みんなで作る。ガーデングループは愚直にこの順番を守った。


密山が初期に作った企業理念を読むと、社員より、むしろ経営者が守るべき内容が多く含まれている。

たとえば、こういう趣旨のことがあるとする。

「公私混同をしない」

「従業員とともに歩く」
「社会に貢献する」
こういった理念はわかりやすく言うと、「経営者が勝手に会社の金を使わない」、「経営者が自分勝手に物事を決めない」、「社会に信用されるような経営者になる」という意味でもある。

憲法が国家権力を規制し、国民の権利を脅かさないためのものであるのと同様、企業理念もまた経営者が従業員の権利をないがしろにしないという意味を含む。企業理念は会社における憲法だ。

ここにあるように、企業理念を決めることは経営者が自分に対する戒めを持つことだ。経営者が小さな会社を大きく成長させようと思うのならば、「頑張って売ってこい」と社員を怒鳴るだけではダメだ。自らを律する企業理念を整備する。会社の発展はそこから始まる。

次に人材を集める方法について。人材は金さえ出せばやってくるわけではない。ベンチャー企業に参加する人は何かを捨ててくる。それまで勤めていた企業を退社したり、自分でやっていた仕事を辞めて参加する。

彼らが注目するのは事業の将来性であり経営者の人柄だ。とくに経営者の人柄は大きい。ベンチャー企業が人材に払える金は多くはない。給料の額が下がっても、それでも「ここに入りたい」と思うには事業の将来性だけでは足りない。「この人と一緒に働いてみたい」という人が経営していなくてはベンチャー企業は長続きしない。

では密山の場合はどうだったのか？

彼の武器は「相談」だ。社員には気さくに話しかけて仕事の相談をする。初対面の人にも、自分の仕事について相談する。初対面の人のなかには面食らう人もいる。しかし、他人から相談を持ち掛けられて怒り出す人はいないのである。

一方で、したたかなところもある。彼は相談はするけれど、決定はひとりで行う。手間をかけて人の話を聞き、そうして方針を決める。全員の力を結集し、団結を形作るために彼は相談して歩いている。人間ができているから、合意を得るために時間と手間をかけることができる。

ただ、密山とて、最初から人間ができていたわけではない。多店舗展開を始めた頃は、カッときたら、部下を叱り飛ばしていたこともあった。どんな人間でも若いうちから完成されていたわけではない。少しずつ経験を重ねて、経営者になっていくのだろう。

一九九六年の新卒採用

従業員も増えていった。九三年には二〇人前後だったのが、二〇〇〇年には二三〇人と一〇倍になっている。もちろん店舗が多くなっているのだから、人が増えるのは当たり前だ。

九六年からは新卒の採用を始めている。きっかけは大学の先輩と居酒屋で飲んでいた時だった。話はそれるが、密山の個人史を見ていくと、節目節目の決断は酒を飲む場所で行われたことが多い。酒が好きともいえるし、毎晩、誰かと食事をして、新しい刺激を得ていたからだともいえる。

ある大手企業に勤めている先輩が言った。

「お前のところ、パチンコ屋から会社になったな」

「え、はい。ありがとうございます」

「でも、まだ会社じゃないんだよ」

密山は何を言ってるんだと思った。

「どういう意味ですか、それ？」

先輩は、にやっと笑った。

「あのね、教えてあげようか？　密山くん、会社ってのは毎年、毎年、新卒を採用するところのことなんだ。去年は採用したけれど、今年は金がないからやめようと言っているところは会社じゃない。ガーデンも新卒を採ればいいんだよ」

「でも、うちなんかに来ますかねえ。それに……。大学を出て、パチンコ店に入りますか？　親が許してくれますか？」

「バカだな、密山、お前が自信を持たないでどうする？　今、働いているやつだって、みんないいやつじゃないか。絶対に来るからやってみろよ」

いつもはじっくりと考えてから決断する密山だったけれど、その時に聞いた言葉は衝撃だった。

「お前が商売に自信を持たなくて、一体、誰が自信を持つんだ？」

確かに、その通り。オレが自信を持って、この仕事は社会に貢献していると言い続けなければ働いている人間に申し訳ない。

翌日、すぐに弟の祥赫に相談したうえで、決めたことを実行することにした。

「うちは来年から新卒採用を始めることにする」

「兄さん、いや、専務……」

密山と弟は一〇歳違う。弟にとっては父親みたいなものだ。弟は逡巡したそぶりをしたが、密山は構わず続けた。

「来年から定期採用する。やるからな。時間はないぞ。みんなでやってくれ」

まだ人事部はなかった。しかし、採用する以上、学校側が問い合わせをしてくるから、とりあえず総務のなかに人事担当セクションを作らなくてはならない。定期採用するためには会社案内のパンフレットもいる。パンフレットでは待遇、社内の教育、研修体制にも触れないといけない。しかし、まだどれも整備されているとはいいがたい。それでも走り出すしかない……。

新卒採用でまず必要なのはパンフレットだ。同社の担当を命じられた人間は他社のパンフレットを参考に会社概要、会社の沿革を書いた。しかし、それ以上、付け足すことができなくなった。

初任給、社会保険、休み、厚生施設といったものが決まっていなかったし、整備されていなかった。担当は密山のところにやってきて、「決めてください」と懇願した。

「そうしないと採用パンフが作れません」

密山は会議を開いて、あらためて初任給、待遇を決め、始めた以上は毎年続けることを全員に確認した。

パンフレットを編集している時、営業部長の石川が「表紙の色は紫紺だ」と言った。総務の担当が「どうしてですか?」と聞き返したら、「明治大学のスクールカラーだ。専務もオレも明治だから……」。それで紫色の表紙にしたら、あまりにも色が濃すぎて何のパンフレットなのかわからない。

結局、社内で作ることはあきらめ、外の会社に相談することにした。

そうしてやっとできあがったパンフレットを持って担当者は学校まわりを始めた。

「パチンコホールにはうちの学生は行かせません」

当時はそういう大学もあったので、大学だけでなく専門学校も回った。

専門学校のキャリアセンターの人間は「ガーデンさんは初めての新卒採用ですね」と言いながら対応する。

「労働時間はもう少し、詳しく書いてください」

「厚生施設はなし、でいいんですね」

細かいところを指摘される。何か突っ込まれたら、人事担当は会社に戻ってきて、密山に相談した。密山はまたまた会議を開き、リゾートクラブと契約して会社の厚生施設を整備する。

九五年、初めての新卒採用には二〇人の応募があり、そのなかから七名を採った。うち、三名は二〇一六年の現在でも仕事をしている。以来二二年、ガーデンは新卒の定期採用を続けている。

8

大型店

A
SMALL
MIRACLE

メガガーデン桶川

ガーデン桶川

ガーデンが多店舗展開を始めた九〇年代の半ばから二〇〇〇年にかけてパチンコ業界は店舗の大型化が進む。

変化の先駆けとなったのは最大手のマルハンである。同社は一九九五年、渋谷に巨大店舗、マルハンパチンコタワー渋谷（二〇一六年閉店）をオープンした。渋谷駅近くにあった同店は二階から六階までに一〇九〇台のパチンコ、スロットを並べた巨艦だった。設備資金は五〇億と言われただけあって、ゆったりとした作りのなかに、さまざまな工夫が凝らされていた。カップル客向けの専用シート、女性だけが打てる専用コーナー、タバコのにおいを消すクリーンシャワールームの設置、ＢＧＭに軍艦マーチや演歌を流さないこと、接客サービスに力を入れたこと……。

その後、業界が新店舗を作る際の目標ともなったモデル店舗だった。だが、マルハンの創業者、韓昌祐は著書でこう言っている。

「今だったら渋谷店の『五〇億円プロジェクト』に絶対ゴーサインは出さないと思う。渋谷店でパチンコ台が一千台で一〇億円だったら、ほかの場所で五百台の店を八店舗は出せる。八店舗できるならパチンコ台は四千台になるからだ。（略）渋谷パチンコタワーが良かったといえるのは成功したからで、資本投下の観点でいうと効率的な仕事ではなかった。渋谷店以降、ぼく（韓）は一店舗に一〇億円以上をかけない方針にした」（『わが半生　夢とロマンと希望を胸に』出版文化社）

業界のイメージリーダーとして評価された店だったけれど、経営者として厳しい目を持っている韓にしてみれば、「もう少し、金の使い方があるはずだ」ということなのだろう。だが、韓が率いるマルハンが業界でトップになっていくのが二〇〇〇年代であり、大型店舗をいくつも作るというやり方が業界スタンダードになった。個人店、駅前の小型店が駆逐されていったのがこの頃だ。

パチンコ業界のうち、企業化したところは生き残ったけれど、家業として続けた個人店は消えていったのである。

密山もまたオープンしてすぐに渋谷のマルハンパチンコタワーを見学に行った。

「すごい」

声に出したのはそこまでだ。当時のガーデンの体力ではそれほど大きな店舗を作ることなど到底、考えられなかったからだ。

しかし、マルハンに五年遅れて、ガーデングループもできる限りの力を使って、大型店舗に挑戦せざるを得ない状況になった。

ＪＲ桶川駅から歩いて一五分。旧中山道沿いに「マメトラショッピングパーク」という複合商業施設がある。土地を所有しているマメトラ農機が建設したもので、現在、スーパーのマルエツ、紳士服のサカゼン、玩具のトイザらスなどが入居している。

密山は、またまた酒の席で、マメトラショッピングパークがテナントとして「パチンコ店の入居を望んでいる」という情報をつかんだ。だが、「入りたいけれど、うちじゃまだダメかなあ」と思った。

もし、そこで店を開くとすればパチンコ、スロット合わせて七〇〇台は必要だ。地域ではナンバーワンの大型店舗になる。また、小売店も同居する複合施設だから客層も幅広い。魅力的な物件だった。資金の手当ても武蔵野銀行が責任を持つと請け合ってくれた。

そこで、テナントに申し込んではみたけれど、地主から、色よい返事は返ってこなかった。他に競合が数社あったのである。当時の体力から言えば、ガーデンのエントリーは上位ではなかった。地主にしてみれば六店舗しかないチェーンよりも、業界上位のチェーンを入れた方が安定的に家賃を確保できるという判断だったのである。

「どうやらA社に決まったらしい」

開発部の部下から聞いた密山はがっかりした。しかし、敗北感を引きずってもいいことはない。部下には「じゃあ、次の物件を探そう」と伝えた。

だが、部下は「ええそうですね。でも……」と元気がない。それも当たり前だ。たとえ、埼玉であっても、パチンコ台を七〇〇台も並べられる大型店は立地が限られる。「次のを探そう」とは言っても、なかなか物件は出てこない。工場が海外へ移転するとか、もしくはロードサイドの小売店の経営がうまくいかなくなって閉店することでもなければ大型店は作れないのである。

また、大型店向けの物件が出てきたとしても、条件のいいところは必ず競合が出てくる。そして、地主、家主は売り上げ規模の大きな会社を選ぶ。

いまでこそガーデンは競争力があるけれど、多店舗展開を始めた当時はどうやって勝ち残るかが大きな命題だった。それこそ企業が持つ総合力すべてで戦う仕事だった。

マメトラショッピングパーク内のパチンコ店はA社に決まった。すでに契約が交わされたとも耳に入った。

ところが、一週間後、家主から部下に連絡がきた。

「うちの物件にまだ関心があればガーデンさんと契約したい」

降ってわいたような話だった。密山はともかく契約書のひな型を持って部下と一緒に家主に会いに行った。密山は不動産会社の営業マンだった頃から契約書の作成は手慣れていたし、相手がその気になっている時に話を決めないと話が流れてしまうことがあるとよくわかっていたからだ。

家主の事務所を訪ねたら、入れ違いにふたりの男が出ていった。

「同業だな」とピンときた。同業の方もおそらく密山たちがパチンコ店の関係者だと気づいただろう。

家主は言った。

「ガーデンさんに入居していただきたい」

密山は黙ってうなずくしかない。

心のなかで思った。

……おそらくA社は辞退したのだろう。しかし、この場でそんなことを聞いても意味はないし、家主もほんとうのことは答えないだろう。とにかく、成約しよう。

密山は頭を下げた。

「当社に声をかけていただいて、ほんとうにありがとうございます」

家主は笑った。

「密山専務、私たちはエントリーされた会社の店舗をひとつずつ見て歩いたんですよ。私自身はパチンコはしないのですが、応募された会社の店舗はすべて見学に行きました。見ただけじゃありませんよ。一〇〇〇円だけですけれど、ちゃんとプレーしています。

そうしたら、ガーデンさんの接客が飛びぬけて素晴らしかった。女性の店員さんがニコニコと感じが良かったんですよ。私が初心者だとわかったらしく、丁寧に教えてくれました。

密山さん、うちのショッピングセンターにはスーパーやおもちゃ屋も入ります。女性のお客さまが多くいらっしゃいます。そうなると、パチンコ屋さんも接客が良くなくては困る。だから、ガーデンさんにお願いしたいと思います」

密山にとっては、それほどうれしい言葉はなかった。自社の接客は悪くはないとは思っていた。しかし、競合したところはいずれも業界大手である。そのなかで接客がナンバーワンと言われたことは誇るべきことだ。自分が交渉上手だから勝ち取った話ではなく、従業員が評価されてこその結論だった。

「ありがとうございます」

密山は用意していった契約書ではなく、先方が出した仮の契約書にサインして帰ってきた。いよいよ、初めての大型店の開発が始まる。

不調

マメトラショッピングパークのなかにガーデン桶川店がオープンしたのは二〇〇〇年のこと。パチンコを三八八台、スロットを三一二台の合計七〇〇席。それまでのガーデンの店よりも二倍以上の規模だった。

契約を交わした日から密山以下、プロジェクトチームは準備を重ね、相当、肩に力が入っていた。

「当社初の大型店を絶対に成功させる」

それを合言葉にして、突き進み、現場に熱気はあった。ただ、密山とプロジェクトチームはこれまで守っていた情報の共有化をおろそかにしていた。時間がないなかでなんでも決めていかなくてはならなかったから、気がつくと、密山とスタッフだけという孤立した少数チームができあがっていたのである。

桶川店の店長は営業部長の石川が兼務することになった。ガーデン初の大型店だったので、慎重を期し、営業の責任者に現場をまかせることにした。

そして、オープン。客は行列を作った。店内も満席である。しかし……。時間が経つにつれて、なぜか客足が鈍っていった。

「こんなはずはない」

毎日の売り上げ数字を見て、密山は考えた。

失敗ではないけれど、もっと客が増えてもいいはずだ。それなのに、なかなか伸びていかない。頭のなかに浮かんだのは家主の顔である。

「ガーデンさんの接客は素晴らしい」とほめてくれた家主の期待にこたえたい。家主を落胆させたくない。むろん、期待しているのは家主だけではない。従業員だって成功を祈っている。何か手を打たなければいけない。

現場に行って、石川と話をすることにした。予定を知らせずに、桶川店へ出かけていった。

だが、現場に訊ねたら、「さきほど本社へ行きました」とのことだった。

店長の代わりに出てきた責任者はこう言った。

「部長は忙しくて、なかなか現場を見てくる時間が取れないんです」

密山はうなずいた。

「うーん、そうだな」

本社に戻って調べてみたら、石川は驚くほどの過密スケジュールだった。

「ああ、これは自分がいけなかったな」

初めての大型店舗だったから、石川にやってもらった。しかし、石川は営業の責任者だ。他の店から相談を受けたら、出かけていかなくてはならなかったのである。

店を増やしたら、あわせて新しい組織体系を作らなくてはならない。密山は桶川店には新しい人間を持ってこようと決めた。まず、その前に頭を整理した。

一つ・現場トップには、その店舗のことだけをまかせる。

二つ・現場トップはつねにスタッフと密にコミュニケーションをとる。情報を共有化する。

三つ・現場トップは現場で考えた施策を実行する。「ここまでは実行してもいい」という権限を持たせておく。

決めたら、すぐに実行だ。密山は桶川店の新店長に若い人間を起用した。店長経験のない男だったが、それもあって、店にはりつくようにしていつづけて現場の対応をした。

桶川店の現場は若い新店長を迎えて、風通しが良くなった。若い店長はつねに店にいて、何か起こったら、すぐにその場で解決する。常連客とも積極的に話をして、店独自の戦略プランを立て、すぐに実行した。なんでも、すぐにやれるということが大事なのだ。

店長を代えてから、桶川店の客足は増えた。それまであまり入ってこなかった女性客の姿も目に付くようになった。スーパー、玩具店にいた女性がガーデンが連日、満席だと聞き、様子を見るために入ってくるようになったのである。

密山は桶川店を開いたことで、勉強したと思った。大型店の運営ノウハウを得たことはもちろん、自分が思った以上に人材が育っていることを実感できたからだ。店長経験のない若い人材に大型店をまかせても充分にやっていけることが証明できたのだから、それにまさるものはない。

桶川店ができた翌年の正月のことだ。密山家では元旦、一家全員がそろって、今年の抱負を述べることになっていた。

「じゃ、みんな、抱負を言おう。まず、暉和《てるかず》から」

密山が長男を指名したら、母親の、かよ恵が「暉和よりも、あなたが先にしなさい」と言った。

不意を突かれ、考えるより先に本音が出た。

「オレは社員が豊かになればいい」

家族の誰もが、あっと思った。本人個人の望みでもなく、また家族のことでもなく、口を突いて出たのは社員のことだったからだ。

長男でいまは社長室長をしている暉和は「わが父ながら立派だ」と思ったし、かよ恵は「わが子ながらえらい」とほめた。

本人はほめられたくて言ったわけではなく、社員が成長したことがうれしかった。自分も助かるし、会社も助かる。だから、全員に成長してもらって、その分をもっと給料や待遇や海外への社員旅行で報いる気持ちだったのである。

理念につながる評価、人事、接客

桶川店をオープンして、軌道に乗せた後、ガーデンは大型店を増やしていく。開発時から店長を決め、その人間をトップにした開発チームを作った。店長はスタッフと一緒にプランを練る。出てきたものを密山と幹部がチェックする。

手間はかかるけれども情報の共有化をすれば、参加意識が高まる。人は自分も意見を言った手前、そのプロジェクトを本気で応援しなければならなくなる。

経営トップがやるべきことは全員参加で意見を言わせること、意見を引き上げて、また全員に知らせることだ。しかも、短い時間で確実に行うよう指揮をすることだ。あまりにも時間がかかるのは組織が老化しているか、もしくは経営トップの指示をみんなが聞いていないことになる。

ガーデン桶川店以降、同社は次々と大型店舗を出店していく。密山は立地こそ確認しに行ったが、地主、家主との対応などはすでに部下が行うようになっていて、開店のための業務もシステムとして進んでいた。

そうして営業的なシステムは出来つつあったけれど、社内に目をやると、まだまだ家業としてやっていた頃の古い組織体制が残り、人事の評価制度も当初のままだった。

小さな商店が大きくなって会社になる時、いずれの会社も営業分野から手を付ける。金を稼がなくては増員した社員の給料が出ないからだ。

一方、人事、総務、広報といったスタッフ部門の改善はそれから後のことになる。ガーデングループの場合も、店舗が増え、新規採用を始めたので、組織体制、評価制度を刷新する必要に迫られた。

もともと密山は給料を同業よりも多めに出すことにしていた。

「社員が豊かになること」

そう抱負を述べる前から、他社を見ていて、社長だけが贅沢をしている様子をみっともないと感じていたのである。自分だけがフェラーリに乗ったり、ヨットを買ったりする一方、社員は薄給で嘆いている。そんな社長がマスコミで格好のいい発言をしているのを見ると嫌になった。

社員の給料について、同社では経営者が鉛筆をなめて決めていたのではなく、当初は申告制だった。

「本人が欲しい金額を聞く」ために面談をしていたのである。

新卒を採用する以前のことであり、全社員とはいっても五〇人にも満たなかった。

「今年の年俸はこれこれこういう額だけれど、来年はいくら欲しい?」

ひとりずつ、聞いたのだが、誰ひとり金額を口にしなかった。

「専務におまかせします」

従業員の答えは「まかせます」だった。密山はしつこく「いくら欲しい」と聞く。それでも、黙って返事をしない。せいぜい「現状維持でいいです」と言うだけ……。

ただ、ひとりだけ「一〇〇〇万円ください」と言った社員がいた。

「どう思う?」と石川に相談した。言ってきた社員は石川の直属の部下だったからだ。

「専務、多すぎます。現状維持でいいです」

結局、会社が用意した年俸以上の金額を要求してきたのはその男、ひとりだけだった。たったひとりでもいたことはいたので、翌年も同じ評価制度を続けてみたのである。

翌年の年俸更改の面接である。来る人来る人、「専務におまかせします」もしくは「現状維持で結構です」……。

ただし、ひとりだけ、「一〇〇〇万円ください」……。

金額を出してきたのは前年と同じ人間だった。

わかったことはひとつである。誰もが自分で自分の給料の額を決められないということ。これはガーデングループだからそうなのではなく、日本の会社ならどこでも似たような結果になったのではないか。

密山は評価制度を作り直すことにした。

評価制度

前述のように、多店舗化を始めた頃の評価制度は単純なものだった。

面談をして、年俸を決める。

荒っぽいやり方かもしれないけれど、世の中のベンチャー企業、中小企業の評価制度とはそんなものだ。社員は少数であれば、評価することにエネルギーをかけてはいられないのが現実だから……。

ガーデングループも正真正銘の中小企業だったので、評価制度を考えている時間はなかったのである。ただ、一九九七年からは評価制度を作り直している。店舗が増え、社員が百人以上になったからだ。公正で客観的な評価を取り入れなくては社員のモチベーションが上がっていかないと感じたのである。

評価制度にしろ、企業理念にしろ、それにエネルギーをかけたからと言って、ストレートに売り上げが向上することではない。

会社を構造物にたとえれば、企業理念、評価制度は柱を太くすることだ。外から見て、すぐにわかる変化ではない、しかし、なかに暮らす者は太い柱を見て安心する。長く続く会社にするためには外壁を美しく装うよりも、どっしりと揺るがない柱を建てておかなくてはならない。ある程度の規模になったら、そこにエネルギーをかけることができるかどうかに経営者の資質が表れる。

当初の単純な面接評価は年代を経て、次のように変わっている。

一九九七年からは課業評価にした。

店舗の業務を一〇〇項目以上に細分化して、各項目を達成したかどうかを評価の基準にする。

ただ、続けていくうちに、項目を埋めただけの人間が昇格するケースが出てきてしまい、周囲が課業評価に疑いを抱くようになった。

そこで、二〇〇三年からは「コンピテンシー評価」に変えた。コンピテンシーとは仕事で業績を残した人物の行動特性のことで、コンピテンシー評価は対人関係、計数処理能力、論理思考などの具体的な行動特性を鑑みて、人物評定を行う。

具体的にはそれぞれの人物に自らの仕事のエピソードやトピックをシートに記入してもらい、それを元に意見を述べ合う。

これもまた続けているうちに、業績を上げた人間よりも、プレゼン能力の高い人間の評価がよくなっていくという傾向が出てきて、やり直すことにした。

二〇〇六年からは「チャレンジシート評価」に変わる。

社員の評価基準をパフォーマンスとプロセスに分け、目標に対しての成果を上長が評価する。期首、中間、期末の面談、さらに評価者についても教育を続け、評価基準がバラバラにならないよう管理した。

この評価制度はよかったのだけれど、社員が増えるにつれ、評価にかかわる時間とエネルギーが膨大になっていった。

そこで、現在ではA目標達成度評価、B職群要件評価、C昇進随時評価の三つを指標として人手評価している。用語は難しいけれど、中身は簡単だ。

徳川家康の人事理念と言われる「功には禄、能には職」の考え方で、功労金と年俸、職位の評価を分けたこと。Aは短期の目標達成度が既得権の発生しない功労金に、Bは役職、職位に求められる能力の発揮度を役割別に評価して年俸に連動させたこと。CはOJT、Off‐JT、トライアル、昇進をこれまたひとつにしたものだ。要は、評価にかかわる時間を短縮して、一方で、評価の内容をきめ細かくしたということになる。

密山は評価制度を変えたことについて、こう語る。

「評価を討論していくうちに、わかったことは評価制度はしょせん手段にすぎないということ。大事なのは成長することなんです。完璧な評価制度を作ること自体は目的でも何でもない。そして、成長するために必要なのは何かと言ったら、それは評価制度よりもやはり企業理念だと……。それより、評価制度を作り直しているうちに、企業理念がますます大事だと気づきました」

理念をさらによくする

企業理念とは経営者と従業員が自らを律するための約束とも言える。

そのため「企業理念を信じて行動してみよう」という人は判断基準を持つことができるわけだ。仕事の依頼が来た時に、企業理念に照らして考えてみればやるべきことか、それともやってはいけないことかを判断できる。一方、理念もなく、目の前の利益だけが判断基準で仕事をしている人間はとっさの場合に対応できない。

密山は理念の話となると饒舌だ。社員が「うちの社長は毎日、企業理念の話をしている」と言うほど、企業理念を大切にしている。

「理念の浸透を図るため、最終的にG-MODEL（後出）を作りました。作ったのは社員です。難解な言葉ではなく、外部向けのものでもありません。でも、どの会社のものよりも、みんなが身近に感じていると思う。

小さな会社が生き残るには力を合わせるしかないんです。ひとりひとりの力は大したことはなくても、チームワークでライバルに勝つ。日本の集団における勝ちゲームって、どれもその方式じゃないでしょうか。カリスマプレーヤーが引っ張るのではなく、目立たない人間が力を合わせてエリートに勝つ。私はそういう会社にしたい。ある講演を聞いたことがあります。

『一人が一〇〇歩往くのではなく、一〇〇人で一歩往く組織を作る』

私は聞いていて嘘だと思った。聞こえはいいけれどそんなことはない。一〇〇人が一歩往くなんてことは非現実的です。一〇歩往く人間をまず一〇人作る。その後、同じように一〇歩往く人間を増やしていくことだと思う」

2014年5月8日　G-MODELを語る会

G-MODEL

G-MODELとは現在、ガーデングループが掲げている企業理念だ。一九九四年に密山がひとりで作ってから、改訂を重ね、現在のものは二〇〇九年にできた。作り直すために、密山は全社員から意見を募った。全社員から上がった項目を十数名の社員が議論を重ねて、まとめたものだ。

新しい企業理念の構築にあたったリーダーは営業部次長の松浦義典である。

「社長から、いまの企業理念を全部ぶち

壊して変えてもいいと言われました。それまで信じていたことをすべて変えていいと言われて……。ちょっと面食らったことを覚えています。そのうえ、『松浦、完成したものがそれなりなら、うちはそれなりの会社にしかならないんだぞ』と。……困りました。だって、それなりの会社では私たちがいちばん困ります」

企業理念を大切にしているからと言って、集まったメンバーは理念つくりだけに専念するわけではない。毎日の仕事を終えてから、集まることになっていたが、客商売だから、ホールで客からのクレームに対応していたら、現場を離れることはできない。全員が顔を合わせる時間がなかなか取れなかったので、浦和の近くにある宿泊施設、別所沼会館で一泊二日の討議をやった。

「顧客満足の項目が少ない」

「お取引先についての項目も入れたい」

それぞれの社員はもっともな意見を言う。

選ばれた人間だから、真面目だし、誰もが意見を持っている。しかも、その意見はノーとは言いにくいものばかり……。充実した内容にはなるのだけれど、短くまとめるのが難しい……。

しかも、彼らは文言の定義にさかのぼって討議をした。

たとえば、G-MODELには冒頭、こう書かれている。

「私たちは、一人一人が経営者として、
常に改善変革を続け、
ふれあう人々の楽しさと豊かさを実現します」

こういった言葉がやっと決まったとする。すると、ひとりが手を挙げて、「私とは誰ですか？」と問う。さらに、討議が始まる。それが終わると、「経営者として」とは何ですか、「ふれあう人々」とは誰を指すのですか？　と始まる。これでは何時間あっても終わらない。そのうえ、彼らは「現場に近い文言」で表現したいと考えた。

「社業発展」「産業報国」といった古くさい言葉は嫌だというわけだ。

結局、合宿した日も結論は出ず、完成しなかった。その後もまた会社で何度も話し合った。ようやく完成したのは、密山が松浦を呼んでから一年後だったのである。

松浦が持ってきた企業理念は「Mission」「Vision」「Value」の三項目からなる。

密山は読みながら社員の顔が頭に浮かんできた。

「ここはあいつが言った言葉だな」

「顧客満足についてはあの子が言ったに違いない」

「言葉の定義づけがやたら多いのは、これは私自身の性格が表れている。いつも、社員に、この言葉はどういう意味で使ったのかと聞いてばかりいたから……」

じっと見ているうちに感動が湧いてきた。よくできていると本当に思った。

「だって、一軒のパチンコ屋だったんだから」

自然とそういう言葉が口から出た。

一軒のパチンコ店だったのが、時間が経ち、社員とアルバイトが増えた。社員とアルバイトは密山が考えているよりも現代的で、誰もが唱えることのできる企業理念を作った。経営コンサルタントにも広告代理店にも作ることのできない企業理念を作ってくれた。

企業理念そのものも嬉しかったけれど、密山は社員が自分の考えに共感してくれたことがさらに嬉しかったのである。

フォローアップのしくみ

密山は言った。

「うちの企業理念にはいくつもの項目があります。社長ならすべてが実現できているると思われるけれど、そんなことありません。全部を実行できる人間になりたいと僕自身が思っている」

彼ができていないと思っているのは次のふたつだ。

どちらもValueという項目のなかにある。

「・自分を指さします。

物事が上手く行かなくなると、つい誰かのせいにしたり、環境のせいにしがちです。まずは自分自身が変わります。

自分自身が変わることで、周囲・会社・人生を変えていきます。」

「・相手の大切を大切にします。

人にはそれぞれの価値観があります。

『相手のために』と考えるだけでは相手のためになりません。

『相手の立場に立って考える』ことが本当の思いやりです。

まずは相手の立場に立って全身（耳・目・心）で話を聴くことから始めます。」

実はこのふたつはガーデンの現場社員が企業理念のなかで、もっとも好きだと言っている文句でもある。

社員はアイドルが歌う曲の歌詞が好きなのと同じ意識で自社の企業理念の言葉を好きだと思っている。それくらい、社員に愛されている。

ガーデングループの企業理念を読むと、社業の発展だけが書いてあるわけではない。また、社会貢献を前面に押し立てているのでもない。

前記のふたつが代表だけれど、同社の企業理念には「人間としていかに生きるか、いかにふるまうか」が取り上げられている。「生きる意味を問う」内容だ。つまり、社員は理念を読みながら、自分自身の人生を考えている。

わたしは密山根成という人は徹底したリアリストだと思う。リアリストだからこそ、理念、夢が持つ意味をわかっている。夢想家は夢を信仰しているけれど、価値を正確にはとらえていない。一方でリアリストは夢を客観的に考えることができる。仕事という現実と、社員が夢を持つことを整理して、どちらも達成させる手段をわきまえている。

仕事は現実の数字を積み重ねて、前向きにやることだと決めている。だから、店長たちには「稼いでこい」と言う。一方で、パチンコ店の現場の仕事は大変だとも理解している。現場にはクレーマーもやってくる。パチプロも来る。改造した基板を取り付けようとして武器を持った集団もやってくる。

密山は誰よりも現場の苦しさを知っている。

だからこそ、夢が必要なのだ。

そして密山は、社員が夢を現実にするためのフォローをする。「オレはみんなと一緒にいる」という姿勢を示す。待遇もよくして、同業他社よりも給料を払う。一年に一度は海外研修に連れて行く。そして、一対一の社長面接をやめない。社員をフォローする体制を整えてから「夢を追え」と言う。

働く人間が欲しているのは本音でいえば、カネ、休みだ。しかし、そのふたつだけを差し出されると不安になってしまう。夢と理想が働く人間の精神を安らかにしてくれる。

Jリーグを創設し、さらにバスケットのBリーグを作った川淵三郎は理念の重要性について、こう語っている。

「バスケット協会の代表者会議では最初に、チームは理念を持つべきだと説いた。理念や夢を持たないクラブには存在価値などない。もしも理念を持たないチームがあったとしたら、リーグの理念に沿った形でチームの理念を作ってもらう。少し調子が悪くなってくると、『理念なんかじゃ食っていけない』と言い出す輩が必ず出てくる。しかし、その場しのぎに走って大切な理念を放棄してしまったら、その途端、市場における存在価値も消えてしまう」(『独裁力』幻冬舎新書)

密山は川淵三郎と同じ考えだ。理念がなければ同業がいくつもあるパチンコ業界のなかで、ガーデングループの存在価値はなくなってしまうのだ。

パチンコ店で働いています。

そして密山はせっかくの企業理念を形骸化させないためのセクションまで作った。責任者は長男の社長室長である。

また、企業理念を社内で浸透させるために、社員からの意見、エピソードを集めている。社員は企業理念がどういった内容のものかを他人の考えを通して、理解できる。むやみに企業理念を暗唱させたからといって、人間はそれを信じるようにはならない。他人はどう理解しているかを伝えた方が、かえって、関心をかきたてるのである。

たとえば、社員は次のように企業理念を受け取っている。社内報にはこんな感想が載っている。

「学生で就職活動をしていた時に当社（注　ガーデングループ）と出合い、『G-MODEL』の説明を受けた。会社の考え方というよりも、人としてやるべきことが多く書かれているなあと感じ、その企業姿勢に共感したのが当社を選んだ理由だった」

もうひとり、G-MODELを評価している社員はこう書いている。

「学生で就職活動をして、当社に内定をもらった。親戚・友だちから『パチンコ店は労働環境が悪い。空気が悪くて、音も大きいから耳にも悪い』と評判が悪かった。自分が入社しようとしている業界を、そのように言われることがすごく悔しかった。

『評判を変えるためには、接客を他のサービス産業と比べても遜色のない、それ以上のサービスを提供して、世の中のイメージを変えていかなければならない』と想い続けている。この先も良いイメージが浸透するように、パチンコ産業で働いている我々は自信を持って、胸を張って『パチンコ店で働いています』と言えないといけない」

この社員が感じていることはそのままパチンコ業界で働く人間が感じていることでもある。

業界の誰もが「パチンコ店で働いています」と胸を張って言いたい。しかし、自信を持つためには何かよりどころがいる。

ガーデングループの場合は全員で作った企業理念をそのよりどころにしている。

正月の店回り

話は戻る。

二〇〇〇年代、ガーデングループは着々と店舗を増やしていった。二〇〇二年には桶川店に続いて浦和東口店、北与野店、浦和本店が完成した。本店のオープンとともに、ビルのなかに本社を作った。そして、密山は専務から社長になり、名実ともにトップになった。二〇〇四年から二〇一一年にかけては埼玉県内、東京都に店を作り、二〇一五年にはM&Aで八店舗を買収、二〇一六年にも二店舗を買収。日本経済が低調になった期間でもガーデングループは立地を選んで出店し、規模を大きくした。他社が停滞している間に積極的な方策を保ったのである。そうして、現在、店舗は三〇となっている。売り上げは一〇一〇億円（二〇一五年）。

業界には二兆円近い売り上げを誇る巨人、マルハンがいる。ガーデングループは業界三〇位にすぎない。もっと大きな規模の会社がいくつもある。それでも、もともとは北浦和の一八〇席のパチンコ店だった。それが二〇年ほどで一〇〇〇億円になった。それを考えれば立派なものだ。

成長するために密山がやったことのうち、大切な点だけを整理すると、次のようになる。

一　人を集める。外部の人の力を借りる。

企業化を決めたら、まず一軒の店でできる限り稼ぐ。そうして、利益を人材の採用に使う。この間、家業のままでいるより、経営者は使える金が減る。それでも外から呼ぶ人材に金を払わなくてはならない。

思うに企業化することを嫌う中小企業の経営者の本音は次の三つだと思う。

「会社にしたら、自分の小遣いが減る」

「自分の意見が通らなくなる」

「自分の子どもに仕事を継がせることができなくなる」

企業にしようと思うのならば、どれもあきらめるしかない。それを乗り越えなくては企業にならない。会社は経営者個人の私有物ではない。

二　企業理念を作る。

ガーデングループが成長したのは企業理念があったからだ。建前のそれではなく、社員が身近に感じる現場の言葉を使うことだ。

三　全員で情報を共有する。少数のエリートだけで物事を運ばない。

優秀な人材、契約金額の高いコンサルタントを雇っても、その人間だけを偏重しない。彼らが持ってきたアイデア、人脈などをすぐに採用するのではなく、従来からの社員にも相談してから決める。

経営者の武器とは相談だ。部下を呼びつけてプランを話し、実行させるのではない。じっくり話をして、あたかも部下が自身で思いついたようにプランを示唆する。人間は人から命令されたことよりも、「自分が考えた」ことをやる時の方が生き生きしている。

経営者はたとえ、あらかじめ答えを知っていたとしても、態度に出してはいけない。部下やコンサルタントがアイデアを出したら、「ああ、いい案だね。さすがだな」とほめることだ。経営者にとってありがたいのは部下やコンサルタントが能力を発揮してくれることだ。

「オレはアイデアマンの経営者だ」と自画自賛しても何の意味もない。

密山自身はなぜコンサルタントを頼むのかについて次のように言っている。

「目的はひとつ。社内に波風を立てたいから。社内では出てこない意見や考えを言ってもらいたい。それだけです」

四　社員の待遇をよくする。

経営者には「一緒に働きたい」と思わせるような魅力が必要だ。だが、「チャーミングな男だから」では人材は集まっても、長続きはしない。ベンチャー企業に参加するとは、その人間にとってみれば生活を賭けることだ。発足当初からすぐに高給を払う必要はないけれど、少なくとも同業他社よりも報酬、待遇は少しはよくしないと、人材は出ていってしまうだろう。

密山はちゃんと払っている。また、外部コンサルタントに対しても、他社よりは少し高い金額を払うようにしている。身もふたもない話だけれど、人間のやる気を引き出す最大のエネルギーはやはり金だ。

払うものは払う。その代わり、責任はきちんと取ってもらう。そのためのチャンスは与える。

五　家業のいいところだけを残す。

ここがガーデングループのひとつの特長だろう。売り上げ規模からいえば大企業なのだけれど、それでもまだ家業の頃にやっていたことを残している。

海外への研修旅行は好例だ。正社員だけでも数百名いる。それでも毎年、全員を何班かに分けて、必ず海外へ連れていく。香港、バリ、オーストラリア、タイから始まり、いまではニューヨーク、バンクーバーといった遠くまで出かけていく。業績が赤字にならなければ、たとえ社員が一万人になっても密山はやると公言している。

もうひとつは社長面接。年に一度、一対一で社員と向き合う。こちらも今後もやるとは言っている。ただ、従業員数が千人になれば、いまの形では無理だろう。

現在、店舗は元日から営業している。以前は、元日になると、密山は弟の祥赫(専務)を連れて、各店舗を回り、従業員ひとりひとりにお年玉(一万円)を直接、渡していた。いまは年の暮れの店長会議で各店長にまとめてお年玉を渡している。

年頭にはあいさつをする。これはどこの企業でもやっていることだろう。だが、一般の経営者は「チャレンジ」とか「目標達成」「勝ち抜く」といった営業の話ばかりをする。密山の場合、そうしたことを話すこともあるけれど、記録を見ると

たとえば……、

「愛」「信念」「友情」といったいかに生きるべきかを話していることの方が多い。

「愛　人は人のためにある。

これを本年度の目標に掲げさせていただきます。気恥ずかしいような気もしますが、大切なことだと思いました。

愛という言葉はあまりにも漠然としているため、本当の愛が何であるかはよく理解されていません。

たとえば『あの人がいなければ生きていけない』という感情は愛ではない。それは依存だ。

愛とは正反対で、与えるよりは与えられることを求め、成長よりも幼児性に固執する。究極的には人間関係を形成するのではなく、破壊させるものである。

本当の愛とは何なのか？

それは、自分あるいは他者の精神的成長を培うために、自己を広げようとする意志である。

本当に愛していれば、相手の精神的成長にもっとも役立つ方向に自分を持っていく。

純粋な愛とそれに必要な自律のすべてがこの世で本当の喜びをつかむ唯一の道である。純粋に愛する時、我々は自分を広げているのであり、この時我々は成長する。他者の精神的成長を促すことは、結果的に自分を成長させることにつながる。

人生の究極の目標は『個人の精神的成長』だ。それは一人でしか登れない頂上を目指す孤独な旅である。結婚や会社生活の基本的な目的はそうした個人の旅を支えることである。

二〇〇五年一月一日　密山根成」

六　小さな儲けを一日一日続ける。

パチンコは玉を貸す商売だ。売り上げといっても、玉を貸した金だから、すべてがホールに入ってくるわけではない。パチンコホールの売上高経常利益率は三・三パーセント（業界の平均）で、小売業よりもやや低いといったレベルである。世間の目からすると、「パチンコ屋は儲けている」と思われているが、実際は毎日、少しずつ小金を稼ぐビジネスだ。

経営している側は小さな利益を積み上げることを徹底しなければならない。密山は社員に、着実に手に入るものが日々の糧であることを繰り返し伝えている。

「未来の計画を立てることも重要だが、いま現在、どのような営業をしているかが大切。集客日だけでなく、全体を良くするために一日一日の営業が大切だという基本を愚直に守ってほしい」

七　最大の社員教育は質問する人間を作ること。

「会議で発言がない参加者はバリューゼロ」

密山は企業への脱皮を目指し、最初に開いた会議で、誰も発言しなかったことがいまだに忘れられない。参加者が悪いと思ったのではなく、発言の仕方、質問の仕方を教えなかった自分がいけないと思ったからだ。

日本企業の会議の大半は予定調和のそれだ。参加者は場の空気を読み、誰もが回答の内容を予期しているようなおきまりの質問をする。答える者は場の空気に合わせて、ごにょごにょと呟く。

「間違ってもいい。他の参加者とケンカしてもいい。いままで話に出なかったことをしゃべるか、あるいは質問をしてほしい」

そう言ってから密山は会議を始める。

八 挫折してもいい。

密山は自らの失敗を語る。

「若い頃酒を飲みすぎて、開店準備ができなかったことが年に何度かあった。社員のみなさんは絶対、私の真似をしないでください」

「酒ばかり飲みに行っていると怒られたことがあります。それは反省します。ただ、当社には物件の紹介など、酒の席から現在につながっていることが多いのも事実。グランメゾンや高級寿司店に行けばそこに来る人たちと話ができる。また、居酒屋に行けば地元の情報がわかる。べつに毎晩、酒を飲んで歩けと言っているわけではないが、どこにいても何をしていても、常に情報のアンテナを張ることが大切だ」

ユダヤの格言に「もっともよい教師とは、もっとも多くの失敗談を語れる教師だ」というのがある。また、ハーバードビジネススクールの教材には企業のサクセスストーリーだけでなく、失敗の例が多く取り上げられている。

密山もまた自分の失敗を社員に公開する。そして、付け加える。

「挫折とは挑戦するから生まれるもの」

決して、失敗、挫折を奨励しているのではなく、失敗談から成功のヒントを見つけてほしいと思っている。そして、社員に新しいことに挑戦してほしいとも思っている。

「うちの会社はありがたいことにさまざまなことに挑戦できる環境が整っている。みんな、そうした立場を意識してほしい。ひとりひとりがいろいろなことに挑戦してほしい」

パチンコ屋は台を並べて景品と交換する簡単な商売だと思っている人は少なくない。だが、もし、それが本当ならばもっと多くの会社が参入しているだろう。これまで、鉄道会社、不動産会社、小売業と巨大資本の異業種が何社か参入してきた。しかし、残っているのはクレディセゾンがやっているコンサートホールくらいのものだ。

大学卒のエリートを揃えた企業がやったからといって成功する業種ではない。小さな利益を積み上げながら、失敗を重ねて、そこから学んだ企業だけが生き残ることのできる業界だ。

9　その日のこと

A SMALL MIRACLE

2014年7月25日　エリア長会議

その日のこと

二〇〇〇年はガーデンにとって節目だった。既存の店を整理してでも、大型店を増やしていこうと舵を切った年だからだ。同時に、その年の七月初めに密山は幹部を集めて、「一〇年後にガーデンはどうなっているかを予測してほしい」と夏休みの宿題を出した。店舗数、従業員数、売り上げなどをそれぞれ、根拠のある見立てとともに考えてほしいというものだった。

夏休み明け、幹部一〇人が提出してき

たレポートを読んだ。それぞれが予測した売り上げを合計し、幹部の人数で割ってみたところ、ぴたりと一〇〇〇億円になった。

「そういうことなら一〇年後に売り上げ一〇〇〇億円を目標数字にしよう」

二〇〇〇年の売り上げは七店舗で二五〇億だった。一〇年間で四倍にするには単純に二八店舗にしなくてはならない。

目の前の数字を見て、密山は思った。

「切りのいい数字だから、目標にするにはちょうどいい」


幹部と一緒に目標を決めてから一〇年が経った。二〇一〇年八月末までの売り上げは九二八億円。九月は夏休み後で客数が増えることがわかっていたから、変事がなければ目標を達成できそうだった。

八月の末のこと、浦和駅から歩いて三分のところにある本社のなかでは経理担当の津金伸二がやきもきしていた。確定した売り上げ数字は毎日、店を閉めた夜遅くに入ってくる。津金は寡黙でシビアな男だ。丸顔で、やさしい表情をしているけれど、眼鏡の奥にある目は冷静だ。その津金が八月も中旬を過ぎると、落ち着かなくなっていた。社内の誰もが「目標は一〇〇〇億」とわかっている。いつも通りの営業をしていれば確実に達成できる。それは彼もわかっていた。しかし、九月二〇日を過ぎて、秋の気配が深まってからも、まだ目標数字を達成できていなかった。

「店に行って玉を買ってみようか」

そうも思ったけれど、経理、財務の担当としてはやってはいけないことではないかと考えなおした。

だが、その頃、社員の大半は津金と同じことを考えていたのである。自分のためというよりも、それは密山のためだった。実際には一〇〇〇億円を達成できなかったとしても、何か罰則があるわけではない。それに、毎年、店を増やしていけばいつかは達成できる数字ではある。誰もがそれはわかっていた。同時に、誰もが社長の喜ぶ顔が見たかった。

時間は過ぎていく。だが、九月二九日になってもまだ朗報は入ってこない。不思議なもので、誰もが一〇〇〇億のことを口にしなくなった。会話を交わす際もゴルフや旅行のことばかりだった。

いよいよ津金は昼休みに一万円くらい、自社の店舗でパチンコを打って、負けてこようという気になった。

「部長、お出かけですか？」

昼休みに「出てくる」と言ったら、女子社員が声をかけた。何も言わなかったけれど、「玉を買いに行ってはダメですよ」と目で伝えてきた。

「うん、前のラーメン屋で食べてくる」

女子社員は言った。

「でも、部長、前のラーメン屋は大したことはないって、言ってたでしょう」

「あっ、そうだった。出前にする。まかせるよ」

結局、津金は席に戻り、出前の弁当を食った。

一方、密山もまた社長室にこもっていた。彼自身は、どうしても売り上げ目標を達成したいかと言われればそうでもなかった。しかし、社員がみんな、「社長が喜ぶだろう」と考えてくれていることを知っていた。みんなの前で喜ぶ姿を見せなくてはならない。そこで、部屋のなかでさまざまな喜びのポーズを練習していたのである。

本心はこうだった。

「一〇年前、みんなは一〇〇〇億と予測した。ひょっとして、あの時、二〇〇〇億と考えていたら、そういう風に行動したかもしれない。逆に五〇〇億と目標を立てていたら、いまもまだ四百数十億の売り上げだったかもしれない。人間は面白い。口に出したら、その方向に向かって努力をするようになるんだから」

でも、こんなことをスピーチしたら、みんながしらけるだろうから、一〇〇〇億を超えましたと津金さんが言ってきたら、抱きしめてやることにしよう……。

それで、津金をどうやって抱きしめるか、ひとりでやってみた。ちょっと恥ずかしくなったから、すぐにやめた。

結局、その日もまた売り上げ合計は一〇〇〇億には届かなかった。

九月の最後の日になった。

密山が出社した時、総務や経理のスタッフは、なぜか下を向き、視線を合わせようとしない。そのまま一日の仕事が始まった。そして終わりに近づく。

デスクに腰を下ろして考えた。

――あの時、父親が死んだ。パチンコ店を継がなくてはいけなくなった。金はなかったし、人もいなかった。経営なんてまるっきり知らなかった。そのうえ従業員に逃げられた。

母親や友人が仕事を助けてくれた。幸い、パチンコの人気は続いた。

――だが、自分はすぐに行動を起こさなかった。近所に同業が進出してくると聞いてやっと腰を上げた。会議を招集しても誰も発言しなかった。売り上げだって一億もなかった。それでも、名もなく貧しい集団が力を合わせて、毎日、仕事をしたら、一〇〇〇億の企業になった。

「思えば、二〇年足らずで売り上げは一千倍になったわけだ」

そう口に出してみたけれど、実感はわかなかった。

やっぱり、運がよかったんだろうか。それとも、頑張ったからだろうか。密山は社員に心から感謝した。

各店舗の営業が終わる時間になった。売り上げは続々と入ってくる。本社のスタッフはその日に限って誰も帰ろうとしない。密山も「早く家へ帰れ」とは言いにくい。その間にも店舗から数字が届く。選挙の開票日のような様相だ。

夜遅くなり、最後の売り上げ数字がモニターに出た。それを見ていた津金は表情を変えない。

だが、女子社員に訊ねた。

「社長いる?」

「はい、もちろん」

そこにいた全員が声を合わせた。

津金自身も、密山が社長室にいることはよくわかっていた。

いつもの声で部屋をノックした。

「どうぞ」と声が返ってくる。津金は入口に立って、深々とお辞儀をして、言った。

「社長、本日、先ほどですが、今年の売り上げは一〇〇〇億円を超えました。間違いありません」

密山は寄っていって、ひしと抱きしめようとしたけれど、やはり恥ずかしくてやめた。握手して、「ありがとう」と言っただけだ。

「もう、遅いからみんな帰ろう。津金さん、おつかれさま」

密山が社長室から出てきた。すると、社員が拍手をした。

口々に言う。

「おめでとうございます」

拍手しながら涙を流している社員もいた。密山は涙腺がゆるくなっていた。なるべく顔色を変えないように、涙をこらえながら、社長室からエレベーターまでの一二メートルを歩いた。

10

パチンコホールは どうすれば成長するのか

A SMALL MIRACLE

密山の話

二〇一六年一二月末、ガーデングループの全店舗は三〇店。売り上げは一一〇〇億円となっている。社員、アルバイト社員あわせて一一五〇名。

関連の取材を終えたある日、浦和の本社に密山に会いに行った。

わたしは訊ねた。

「パチンコ店はどうやったら、儲かるのですか?」

彼は即答した。

「お客さまに来ていただくことです。創業の頃から現在まで、新装開店をうたうのがもっとも集客につながります。新装開店とはつまり、台を入れ替えること。少し前まで、うちは新台を一気に投入するパワー営業でお客さまに来ていただいていた。ところが、いまは新台ブームも過ぎ去り、台を入れ替えただけでは営業にはつながらない。ただし、それであっても、新装開店は昔も今も効果がある方法です」

たとえばの話ですがとわたしは切り出した。

「芸能人、プロ野球選手といった有名人を店舗に呼ぶイベントがありますね。あれも人が集まるのですか？」

「はい。うちはその方法を駆使していたこともあった。ただ、やりすぎると販促費用を使いすぎて赤字になってしまうし、飽きられます。また、テレビに出ているタレントだからといって、店に呼べば、それでお客さまが集まるわけではありません。業界のどこの会社も新しいお客さまを欲しています。同時に、今来ている方にもっと来てもらいたい。ムシのいい考え方ですけれど、それを追求するしかありません」

パチンコ店舗における集客のための広告宣伝は規制されている。

メディアを通じたそれはもちろん、店内の掲示物でも必要以上の宣伝広告は許されていない。たとえば「赤字覚悟」「出します！」といった表現もダメなのである。それでも業界各社は知恵を絞って集客している。

「パチンコ店の経営者、従業員って面白いんですよ。自社の利益よりも、お客さまのことを考えるようになってしまう。きれいごとでなく、玉を出したい。お客さまが喜んでいる顔を見たい。喜んでいるお客さまが大勢いるなかで仕事をしたい。

もし、毎日がそういう状態であればトラブルはないし、自分たちも楽しくなる。本音でそう考えている。

お客さまの七割は負けます。では、負けたら、もう来ないかといえばそんなことはない。勝った記憶がある人はやってくる。また、一円、二円というコーナーで遊んでいる方はパチンコ店に長く滞在することが目的でやってくる。地域のサロンということなのでしょう。区民会館でも病院のロビーでも、いまはタバコが吸えないところばかりです。パチンコホールはタバコを吸う庶民が友だちと話をするためにやってくる場所にもなっている。

「私は経営者として、商品に付加価値をつけることを目指し、それにより利益を得たいと思っています。

新しいお客さまに来てもらうには何をすればいいか。立地、店内インテリア、接客を細部まで考えて、質を向上させる。ほんとうにお客さまが望んでいることは何かを考えて実施する。このふたつです。そして、同時にコストは切り詰める。たとえば、お客さまのためと景品の種類をやたらと増やしていた時代がありました。しかし、お客さまの立場に立ってみたら、米や洗剤が一〇種類、二〇種類とそろっていることにさほど意味はないのです。

景品在庫が増えて、利益が減るだけです。それよりも、本質的なお客さまのニーズをかなえる。私はそう思っています」

オークション

他社との違いがさらにひとつある。ガーデングループでは一度使用した台をオークションにかけて売り出している。まず現金で新しい台を仕入れて、ずらっと並べる。現金仕入れによって、台を少しでも安く買う。新台があれば新装開店ができるし、打ちたい客がやってくる。ただ、新台の人気も長く続くわけではない。

そのため各店の店長は新台をいつまで店に並べておくかを判断しなければならない。まだ客を呼べると判断すればそれは並べておく。

「もうそろそろ交換してもいい」と思ったら、中古マーケットに出して少しでも高く売る。

地方のパチンコ店のなかには新台を手に入れる金がなくて、新しい台が中古マーケットに出てくるのを待ち構えているところがある。そういうところに上手に売れば新台で買った時とほぼ変わらない値段でリセールすることだってできる。

ガーデングループは自社で整えたオークションシステムを使い、台を直接、地方のパチンコホールに売っている。同社にとっては大きな武器だろう。

接客について

密山が今後、ますます重要だと思っているのが店内の接客である。ただ、以前は接客サービスはほぼなかったという。

「創業当初から長い間、パチンコ店では接客という概念はなかったと思います。監視ですよ。この客は悪いことをするんじゃないかと従業員が見回っていた。どこの店でもそうでした。実際、従業員の目を盗んで、台を開け、入賞口の上の釘を目いっぱい広げる、なんてことをやっていた客もいました。私自身、見つけて、早く出ていけと怒鳴ったこともあります。

そう、パチプロって人たちもいましたよ。まだ手動式でしたからね。狙った釘に正確に玉をあてて、釘と釘の間の空間を広げていく。いやー、見事なもんだなあと見ていたら、『専務、感心している場合じゃありませんよ』と従業員からあきれられたこともある。でも、機械が確率で当たるようになってからはパチプロはほぼいなくなったし、いかさまもやりにくくなった。集団でやってきて、巧妙に連携プレーをしているいかさま集団もいますが、出玉管理のコンピュータが異常を検知したら、すぐに知らせるようになっています。昔は従業員を羽交い絞めしたり、刃物を持っていたりというのもありましたけれど、もうそんな悪いことをするやつらは今

2015年3月9日　メガガーデン所沢店 接客風景

となっては出てきません」

パチプロがいなくなり、いかさま集団が少なくなってから、パチンコ店では接客の重要性が注目されるようになった。

「接客が大事と言われ始めたのは十数年前からでしょうか。その頃、私は従業員に対して『走れ』と指導していたのです。パチンコ台の釘の間に玉が挟まったり、また、入賞口に玉が入っても、出ないことがある。

すると、お客さまは点灯して、従業員を呼ぶ。当初、私は少しでも早くお客さまのところへ行けと指導していたんです。それが接客だと思っていた。お客さまを不快にさせず、スピーディに対応するのがもっとも大事と思っていた。ところが、そうじゃなかったんです。急ぐあまりにお客さまを突き飛ばしたりしたこともありましたし……。いまでは、走らなくていいから、お客さまの話に耳を傾けろと言うことにしています」

接客の目的は客に気持ちよいと思ってもらうこと。パチンコの場合は勝つ人と負ける人が出てくる。前者が三割で、残りは負ける人たちだ。負ける人たちがそれでもう一度、来店したくなるような接客とはどういうものなのか。

丁寧な言葉遣い、あいさつをすること。何を望んでいるかを察して、目的をかなえてあげること。サービスの項目はいくつもある。しかし、最大の接客サービスは負けた人の話を真剣に聞くこと、つまり、客の気持ちに寄り添って共感することではないか。

密山はこう思っている。

「お客さまに共感する。難しいけれど、それしかないんです。負けた人は悔しい。でも、悔しいでしょうけれど、楽しい気分で帰ってもらいたいんです。私だけでなくそれは従業員もそう思っている。楽しい時間を過ごしてもらう。パチンコ店の接客はそういうものだと思う。ですから、基本的な接客技術はなんでもやる。定期的にミステリー・ショッパー（覆面調査員）に調べてもらう。不快なことがないよう、クレームがあれば一件一件、すべてつぶしていきます」

ガーデングループの接客に対する評価はそれぞれ最前線で働いている人間からのレポートにあらわれている。以下は会社に提出したレポートからの抜粋だ。

東十条店　櫻井康弘　社員

「店舗の看板を持って商店街を回っている時に御年配の男性がキョロキョロしていました。お困りの様子だったので仕事中ですがお声掛けしたら、奥様が入院したけれど搬送先の病院がわからないとのことでした。看板を持ちながらですが、病院までご一緒しました。

そして、病院から店舗に戻った時、三名の常連さまが『見てたよ。いい事するじゃん！』と店舗までご来店してくれました。久しぶりにご来店されたお客さまもいらっしゃって、いつも誰かに見られていて、いいことをすれば自分にもうれしいことが訪れると思いました。相手の大切を大切にすることで、自分も大切にされる人間に成長し、信頼を得られると心から思いました」

ゴリMAX品川港南口店　里慎太郎　社員

「外国人の方が来店されました。よく目にする光景ですが、何か言いたそうだったので、近くに行き、話を聞いたところ、トイレだと何とかわかったので、ご案内しました。しばらくして笑顔で戻ってこられ、サンキューと言っていただけました。そのまま退店されるのかと思いましたが、なんとご遊技を始められ遊技説明をしている中ですぐに大当たりをされたため、大当たりや右打ちの説明もどうにか行いました。片言の日本語と英語でコミュニケーションを行いました。

英語を話せないからどうしよう……と考えるだけでは、外国人の方に満足していただけなかったと思います。どんな形でもお客さまに楽しんでいただきたいと思い、行動した結果、なんとか外国の方にPACHINKOの面白さを伝えることができました」

このほか、社員、アルバイトが書いた接客レポートには、ファン感謝デー（年二回、業界全体で行っている）の賞品である大型テレビを高齢者の客の家へ届けた話、腕時計をほしい客が景品場に行ったら適当なものがなかったので、景品業者の事務所に出かけて行って、あらゆる腕時計を運んできた話など、ほほえましい事例がたくさんある。

事例を見る限り、客が喜ぶサービスとは従業員が懸命に働くことであり、それは客の立場に共感した末の行動ととらえることができる。

確かに、パチンコホールの接客は共感から成り立っている。

密山のインタビューからわかったことは、ガーデングループの特質とは仕入れの力と集客力である。仕入れの力には自社オークションの実施が貢献している。集客力の元になっているのは従業員の接客サービスだ。

第二部

いまガーデングループは
どうなっているのか?

A
SMALL
MIRACLE

武蔵野銀行　加藤頭取が考えるガーデングループ

「私は休日や会社帰りに、しまむらで買い物したり、日高屋で野菜たっぷりタンメンやチャーハンを食べたりしています。接客の様子を見にガーデンさんの店舗も行きますよ。いずれも当行のお取引先ですから」

語るのは加藤喜久雄。埼玉県を地盤とする地方銀行、武蔵野銀行の頭取だ。武蔵野銀行は総資産額四兆三〇〇〇億円。店舗数九六。従業員数二二九七名（二〇一六年）。主な取引先は埼玉県に本社支社を持つ中堅企業、中小企業である。行風は自由闊達そのもの。金融機関にありがちな堅苦しい雰囲気は感じない。慇懃無礼な気配もない。学閥もなければ学歴偏重もない。

学歴を問わない証拠が加藤の最終学歴だろう。彼の最終学歴は大宮商業高校卒業。学歴、学閥を重んずる金融機関では稀なことではないか。加藤は実力に加えて人柄の良さで大学卒のライバルと競い合い、頭取になった。努力を重ねた加藤自身も偉いが、彼を抜擢した前頭取もまた立派だ。

加藤は「中小企業を応援するのが私たちの仕事」と言う。だから、しまむら、日高屋、ガーデンという「埼玉の星」三企業の営業現場へも足を運ぶ。

「私どもは地元企業を育成するために設立された戦後地銀です。ですから、埼玉の中小企業を応援するのは私たちの使命です」

加藤は「私たちは埼玉というマーケットに感謝している」と言う。

「埼玉県の人口は七三〇万人。東京に近い南部はまだまだ人口は増えています。神奈川、千葉と違い、『ダサイタマ』と言われた事もありますが、バカにされたらかえって団結して、地元への愛が深まるのが埼玉の人間なんです。ですから、さきほども言ったしまむらさん、日高屋さん、ガーデングループさん、他にヤオコーさん、ベルクさんとか、埼玉発の企業を愛する地元の人はたくさんいるのです」

武蔵野銀行が地元の中小企業と取引を始める場合、数字はもちろんのこと、必ず現場に足を運んで様子を見る。

「私は日高屋さんへ行って、接客、店員さんたちの態度を見ています。ある日曜日、地元高校の近くにある日高屋さんで食事をしていた時、カウンター内での会話が聞こえてきました。パートさんが店長さんに『今日、高校のサッカー部が試合をします。帰りに選手たちがおおぜい当店に立ち寄るだろうから、ご飯は多めにお願いします』と。

高校のサッカー部だから人数は知れているけれど、それでもちゃんと地元の情報をつかんで商売に結びつけている。接客も素晴らしかった。日高屋さんはそういうことを店舗が少ない時代からやってらっしゃった。経営者はきちんとした方ですし、成長性もあると確信しましたから、私どもは日高屋さんが一軒しかなかった頃から税理士さんを紹介するなど、会社の成長を応援してきました」

加藤は「現場へ行ったら、その企業の接客を見る」と言う。成長する企業は、店舗を持っていてもいなくとも、一様に従業員の接客態度がしっかりしているという特徴があるからだ。前線に立つ従業員だけでなく、管理職の接客態度も重要だと思っている。

「みなさん、銀行の店頭に行かれたことがあるでしょう。しっかりとした店舗は窓口の行員だけでなく、後方の管理職の方も、お客さまにあいさつをしています。店舗の接客は窓口だけがやることではありません。支店長も管理職も含めた全員でやらなければならない。私は自行の店舗を見て回りますけれど、最初にチェックするのはそこですね」

おだやかな表情のなかに銀行経営者としての厳しさも垣間見える。

「さて、ガーデンさんのどこが優れているかですが、企業としての理念を社員の方々に植え付けているところでしょう。新入社員のうちから企業理念をしっかりと教育すると、愛社精神が生まれてきます。

接客の良さも挙げられます。私はしまむらさん、日高屋さん、ヤオコーさん、ベルクさんと同じように、ガーデンさんの店舗にも顔を出しています。ある日のことですが、ガーデンさんの店舗で様子を見ていたら、すぐに係の方が飛んできて、玉の買い方から遊び方まで教えてくれました。一店舗だけではありませんよ。二店舗に行って、やはり同じ接客でした。慣れていないお客さまを見てとり、すぐに声をかけてくるのがガーデンさんの接客の素晴らしいところですね」

接客についての感想は取引銀行の頭取としてよりも、客として感じたことだろう。だが、彼は日高屋に成長性を見出した時にも、客としての感想を判断のよりどころとしてきた。

では、銀行員としては経営者密山根成の経営判断をどう見ているか。

「密山さんは勉強家であり、好奇心旺盛、人として謙虚です。そして、何より決断力がある。

一度、こんなことがありました。

頭取、県内のあの支店はどうですか？　と訊ねられたので、思っていたより成長に時間がかかっているようですねと答えました。密山さんは、そうですか、頭取、うちもあそこに支店を出したけれど、あんまりよくないんですよ、と。そうしたら、二か月後にガーデンさんは撤退していました。判断がとても早い人です」

営業幹部たちの本音

加藤頭取が見たガーデングループで、営業現場の最前線にいるのが営業部長の阿部圭太とブロック長の杉山友和だ。

阿部は新卒を採用し始めてから三期目の一九九九年に入社している。彼は拓殖大学を出て「ガーデンで店長をやりたい」と思った。

「志望動機は店長になると年収が一〇〇〇万円になると聞いたことでした。しかも休日が月に八日。福利厚生も良かったから、ここしかないと思いました。実際、報酬、待遇はその通りでした」

同年の平均的な大学卒初任給は一九万六六〇〇円（厚労省「賃金構造基本統計調査」より）、四〇代男性の平均年収は六一二万円（同調査より算出）である。

ガーデングループでは昇格が早い人であれば二〇代後半で店長になる。店長になったら、年収は一〇〇〇万円だ。それはかなりの魅力だったろう。

「パチンコは知ってはいたけれど、ホールに入ったことはほとんどありませんでした。ただ、パチンコ屋さんの隣に安く食事のできる飲食店があるんですよ。学生時代はそこをよく利用していましたね。

　ガーデングループに入ろうと思ったもうひとつの理由は（密山）社長が若かったこと。現場寄りの人で、『おい、みんなでがんばるぞ。敵がきたら、みんなでやっつけるんだ』みたいなノリだった。僕が入った頃は兄貴分って感じでした」

　入社してみて、阿部は自分が優位なところは「パチンコをやらなかったから、かえって客観的な目で仕事を見つめることができる」点と感じた。

「僕はパチンコをやらない人の気持ちがわかります。パチンコという業種に入った人のうち、この点がわかる人は意外と少ない。

　これから当社を伸ばしていくには初心者、やったことのない人に来てもらうしかない。それには、なぜエントリーが少ないかをつきつめて考える必要があります。遊技人口が減り、規制が強化されて店やパチンコ台の宣伝ができなくなっている現在、エントリーを増やすことはどこのチェーンも大きな課題としています。

　ひるがえって、どうして僕がやらなかったかといえば、親や友人に連れてこられた経験が一度もなかったから。つまり、いまパチンコをやっている方の九割はひとりで入ってきたのではなく、誰かに連れてきてもらった経験があるのです。それなら、エントリーを増やすには初心者を連れてきてくれる人を大事にするしかない。そして初めて来た人が楽しいと思う空間を作らなければならない。音、タバコのにおいなどは減らしていく。そうして、できれば初めて来た人が勝ってくれればいちばんいいのですが、こればかりは確率の問題ですからね」

エントリーが減っているのはパチンコに限ったことではない。麻雀、ゴルフ、競馬、競輪に共通する問題だ。スキー場、高級飲食店だって同じだろう。着実にエントリーがあるのは娯楽の世界では映画くらいのものだ。

では、他の業界ではエントリーを増やすために何をやっているのか。

ゴルフ場のなかには「コースデビューのためのレッスン」を安い料金でやっているところがいくつもある。ジュニアレッスンに熱心なコースもある。努力している例がある。

一方、パチンコ、競馬、競輪の場合はジュニアレッスンをするわけにはいかない。

阿部が言ったように、誰かに連れてきてもらった人を目ざとく見つけて、接客するくらいしか方法はないのだろうか。

エントリーを増やすことがそれしかないのならば、現在、来ている人の来店頻度を上げることに注力するしかなくなってしまう……。

阿部に限らず、パチンコ業に携わっている人に、この点を訊ねると、誰もが同じことを答える。

「お客さまがもう一度来るのは接客の良さと勝った経験です。どちらかといえば勝った経験でしょうか。大きく勝った人はちっちゃな負けを忘れてしまう。競馬で一度、当てた人が何度もやるのと同じですよ」

阿部は二九歳で店長になった。年収一〇〇〇万円を獲得したわけだ。だが、それだけの報酬を得るのは決して楽なことではなかった。

「責任感でつぶれそうになりました。胃が痛かったし……。社長から言われたことは、『お前はこの店の店長ではない。この店の社長だ。なんでも決めていいから、その代わり、利益を出せ。そうしないと部下とアルバイトが路頭に迷う。みんなのためにちゃんと儲けろ』。

そう言われて、プレッシャーがきつかった。五〇〇席くらいの店だと正社員が七人でアルバイトが二〇名ほどです。自分ひとりが徹夜しても売り上げは上がらない。みんなにやる気になってもらわないといけない。僕がやったのはミーティングです。早番と遅番があったのですが、毎日、必ずミーティングには出ました。アルバイトの人たちには残業代を払ってミーティングに出てもらいました。

この人は本気だと思ってもらわないと、誰も真面目にはやりません。そうして、企業理念を何度も説明しました。あとは僕が言うのもなんですけれど、上に立つ人は人柄だと思う。嫌な奴の言うことを聞く人はいません。自分を改造して、いい人間になることも必要だと思う」

では、接客の質を向上することについて、阿部が営業現場に教えていることを聞こう。

「接客をよくするとはつまり、お客さまから見て、この店は嫌だなという離反要因をつぶしていくことです。店が汚い、トイレが汚い、タバコのにおいがする、台と台の間が狭い……。クレームを言ってくださる方がいたら、すぐに直す。もし、変えられなかったら、これこれこういう理由で変えられないのですと返事をする。返事に嘘は書かない。

エントリーを増やすことで言えば、店の活気とさきほども言ったように連れてきてくれる人へ働きかけをすること。店の活気はいつも人がいる状態にする。たとえば、週に三日は必ず来るおじいちゃん、おばあちゃんはありがたい存在です。他のお客さまにとっては安心感につながるお客さまでしょう。この人たちは一度気に入った店ができたら、なかなか離れていきません。連れてきてくれる人への働きかけはまだこれだというものはありません。個々の店で工夫している段階です。気づいてはいるけれど、確実に効果が見込めることがないという段階です」

もうひとり、営業本部のブロック長、杉山友和は営業現場の特徴について、次のように語る。

彼もまた大卒八期生で、神奈川大学法学部卒。阿部と違い、業界他社も受けたが、ガーデンに決めた。面接で「御社の社長になりたい」と言った男である。あつ

かましいと言えばあつかましいけれど、それくらい覇気のある人間はまずいないか
ら、企業は喜ぶのではないか。

杉山は「子どもの頃からパチンコをやってました」と言う。阿部とは正反対だ。

「父親はサラリーマンで母親は主婦。ふたりともパチンコが好きだったから、子どもの頃は日曜日になると、住んでいた上尾の近くにあるパチンコ屋さんに行っていました。隣の席で打っているおじさんからチョコレートやお菓子をもらったり、店員さんとおしぼりでキャッチボールしたり……。

中学生になったら、行かなくなりました。その後、大学に入ってからまた友だちとパチンコをやるようになって……。その頃は荒れる台がありましたから、五万円くらい投入して数十万円を稼ぐなんてことも……。いえいえ僕じゃありませんよ。五万円くらいの予算を使ったことはあるけれど、百万円になったことはない。せいぜい二〇万円くらい」

就職先は金融関係とパチンコにしぼり、四社から内定をもらったけれど、もっとも規模の小さかったガーデングループに決めた。

「店舗を見に行ったら、成長している会社だなという気配が伝わってきたんです。僕の場合は成長性を重視しました。早く昇進するだろうし、何でもやらせてもらえるんじゃないかと思いました」

では、実際に働いてみて、どういった感想を抱いたのか。

「当社の特徴は接客の良さだと言われています。でも、その裏にあるのは接客教育の厳しさです。たとえば、アルバイトであっても、服装、みだしなみについては基準があります。髪の毛の色は一番が黒で、一〇番が金髪。うちで許しているのは五番まで。女性のネイルもダメ。男子だったら、ヒゲ、パンチパーマはダメです。あいさつも両手の指がちゃんと伸びているかどうかまでチェックします。

アルバイトに応募してきた方のなかには『えーっ、パチンコ屋さんってそんなに厳しいこと言うの?』と即刻、やめる人もいる。でも、それくらい指導しないと、いい接客はできません」

杉山は社長を目指したと公言しただけあって、入社してから懸命に働いた。店長になったのも同期のなかではいちばん早い。店長になって、ますます仕事にのめりこんだ。

「店長になって大きな責任を感じました。なんといっても金額です。一日に扱う金額が大きい。中規模の店舗でも売り上げで一五〇〇万円にはなる。すると、年間で五〇億なんですよ。しかも現金。それだけの金額を自分でコントロールして、人件費、機械代、広告費などを決めていく。これってまるっきり経営者です。二〇代後半の若造が年商五〇億の企業を動かす経験ができるなんて、パチンコしかないんです。

社長が『ひとりひとりが経営者だ』って、言うでしょう。店長になってその言葉を実感しました」

それだけのお金を動かすことで責任感が生まれ、さらに自信がついてくる。

「現金が入ってくる仕事ですから、部下やアルバイトにも厳しく指導しないといけない。その時、店長だからと自分勝手に規則や基準を作ってはいけない。企業理念を元にして指導をする。

ただ、がんばれでは、社員もアルバイトも続きません。社長をはじめとして、みんなが企業理念を守っているから、僕らも守ろうと言うことができる。店長になって、企業理念があってよかったと思いました。社長や幹部に向かって意見や反論する時も企業理念を元にすればいいのですから『だって、社長、うちの企業理念にはこう書いてあります。ですからこれをやるんです』そう言うことができます。当社の企業理念はそうやって使うものなんです」

ガーデングループが営業現場で力を入れていることは阿部、杉山に聞く限り、企業理念の活用と厳しい接客指導にある。では、実際に現場を指導しているブロック長はどうとらえているのだろうか。

メガガーデン八潮店

メガガーデン八潮店は、つくばエクスプレス八潮駅の真ん前にある。パチンコ、スロット合わせて一〇〇〇台の大型店だ。パチンコをやらない人は規模がつかみにくいだろうけれど、一〇〇〇台の店舗とは満席になったら、一〇〇〇人がいるということだ。わたしが行った時、満席だった。コンサート会場に来たような錯覚に陥る。大音響とタバコの煙が感じられる。客の四分の一はタバコを吸っていたが、煙がもうもうとたちこめることはない。空気清浄機が大量に設置されている他、においを除去する清涼剤が噴霧されている。タバコのにおいより清涼剤の香りをより強く感じる。

わたしは三〇〇〇円だけプレーしたけれど、あまりにも簡単に負けた。ぶらぶらするのも不自然だから、店舗の二階にある「庭亭」という軽食の店で取材までの時間をつぶすことにした。ガーデンの大型店舗にはこうした軽食店が付随している。パチンコをやらない人が入ってもまったくかまわない。

メニューは少ない。しかし、価格はごく良心的である。カレー、ラーメンはどちらも四〇〇円。わたしはラーメンとカレーを両方、注文した。量はそれほど多くはない。味はまったく問題ない。

「パチンコでは損したけれど、食事では少し得をした」

それが感想である。

その後、八潮店などを統括するブロック長に会いに行った。

出てきたのはVシネマに出てきそうなコワモテの人、小久保弘康。営業本部のブロック長で、八潮をはじめとする店舗責任者だ。小久保は顔はいかついけれど、声はテノールでやさしかった。

彼はガーデングループの接客について語り始めた。

「私が入社した一八年前（一九九八年）、接客のレベルは正直に言うと低かったと思います」

小久保の声は小さい。ささやき声に近い。

「入社からほどなくして正式な接客マニュアルができました。それからは少しレベルが上がりました。それまでのホールスタッフは単なる〝ハコ替え要員〟〝流し要員〟にすぎなかった。お客さまのドル箱が出玉でいっぱいになったら替える、クレームがあれば飛んでいく、といったことしかやりませんでした」

その頃までは不正を働く客が多かったので、見張り、監視という役割が主だったのだろう。

「たとえば二階建ての店舗で、一階にひとり、二階にひとりしかスタッフがいなかったとします。私が二階の担当だった時、急に一階と連絡がとれなくなり、おかしいなと思って下りていったら、大柄な男がスタッフを羽交い絞めにしていたんです。その男はスタッフに台を開けさせて基板を替えようとしていたんです。まあ、私は押し出しが利く方ですから、『こらー』と怒鳴ったら逃げていきましたけれど……。今ではそこまで露骨なことをやるのはいません。やったとしても巧妙になっています」

荒っぽい客が減り、接客教育に力を傾けた結果、店内はおだやかになっていった。小久保はいまのパチンコ店における接客は「常連さんの顔と名前を覚えて、話しかけること」と語る。

「常連さんの割合が増えてきたこともありますし、黙々と熱中する人よりも知った顔と話をしながらパチンコを打つ方が多くなったこともあります。当社ではそこに重点を置いています」

では、あらためて聞く。

パチンコ店はなぜ、それほどまでに人を惹きつけるのか。

「やっぱり、ドキドキ感じゃないでしょうか。負けても、またいらっしゃるお客さまが少なくないわけですから。『もしかしたら……』という期待感を持って、店を訪れているのは間違いないと思います。だいたい一〇〇人いたら、七〇人が負けて三〇人が勝つと言われています。つまり、パチンコ店へ四回行けば一回は勝つ。その一回が印象に残るのでしょうね。もちろん、単純に台が面白いとか、台のキャラクターが好きなどといった理由でいらっしゃる方も少なくありません。それと、最近ではシニアの方が、スタッフやほかのお客さまと話をしたいということで来店されるケースも増えています。ちょっとしたコミュニティであり、第三の家のように考えていらっしゃるわけです」

ここまでは一般論として理解できる。では、ガーデングループが、ほかより人を惹きつけているのには、どんな理由があるのか。やはり接客なのか。

「ほんの少し前までは、新しい機械を大胆に導入するというパワー営業の手法が大きな効果を上げていました。ただ、機械については常に行政の管理下にあり、すべてが委ねられています。大当たりの確率や継続率、連チャン率などですね。それで、今は、新しい機械を入れたというだけではお客さまを呼べない時代に突入しているのです」

空気清浄機やエアコン、タバコの吸い殻を全自動で片づける仕組みなど、いまや設備面でも差別化はしにくい。

「じつのところ、接客サービスはガーデングループの売りの一つになっていましたが、それだけでは足りないのです。いま、ある程度人気のあるパチンコ店であれば、当然のように丁寧な接客をしています。ただ、お客さまひとりひとりに応じた接客を、どこまでできるかを追求しているという点では、ガーデングループはいち早く力を入れてきたという自負はある。必ずしも、全員のお客さまに対応できるわけではなく、常連のお客さまに対してが中心となるのですが、たとえば、お客さまの好みの台があれば、新台が出た時に、『次は、こんな新台が出るんですよ』とアナウンスしたりとか」

接客サービス向上の努力について、おそらく、表面上は他社も似通ったことをやっているに違いない。しかし、いち早くそれに取り組んできたから、ガーデングループはほんの少しだけ先に行っている。この、ほんの少しをどこまで続けられるかが今後を決めるのだろう。新人研修でも「ほんの少し、他社よりも質の高い接客」をすることを叩きこまれる。

「入社したばかりの一週間で最初の研修を行います。そして、現場に配属してから逐次チェックします。表情、発声の仕方、お辞儀の角度、お客さまへの親しみやすさ、お客さまのお話を聞き出す力、など。三か月に一回はそのチェックがあり、点数化されます。それで改善点をあぶりだしていくわけです。さらに毎日、各現場ではロールプレイング形式で最善策を探るようにしています」

接客専門のコンシェルジュを各店に配置しているのもガーデングループならではの取り組みだ。コンシェルジュはハコ替えなどはせずに、徹底して接客だけに特化する。

ただ、繰り返しになるけれど、どこまで行っても、パチンコ店における接客とは常連向きのそれになってしまう。初心者、初めて入ってきたエントリー客、外国人観光客についてもマニュアルはあるのだが、声をかけられたい人とかけられたくない人を見抜くことは容易ではない。

しかし、そうであっても、ガーデングループの取り組みは、他社よりはほんの少し進んでいるとはいえる。しかし、いまひとつ、切り札は見えてこない――。

小久保は「切り札ですか？　私見はあります」と続けた。

「スピードです。お客さまがスタッフを呼ぶ時には、ライトを点灯させます。一分経つと高速点滅に変わります。つまり、その前にお客さまの元へとかけつけなければならない。実際は、一分では長すぎるので、三〇秒以内を目指しているんです。究極の接客って、なかなか難しいのですけれど、一番失うものが大きいのが、お客さまに不快感を与えるということ。そのロスをどれだけ少なくするかが、我々の顧客サービスのメインテーマかもしれません。呼ばれたらすぐに返事をする、というのは最初の一歩であり、究極のサービスにつながります。お客さまにとって心地よいサービスを提供することは当然として、同時に、ちょっとしたことでお客さまを

〝イラっ〟とさせてしまい、『こんなとこ、もう来るかよ』と、離れていってしまうお客さまをどれだけ減らせるか、これもかなり重要なことだと思います」

接客の達人

小久保は「松戸店に接客の達人がいますよ」と言った。

「五〇〇人のお客さまの顔と名前を覚えている女性です。アルバイトの方ですが、彼女の名前はガーデンの社員なら誰でも知っています。彼女と話をすると、接客サービスにおける切り札が見えてくるかもしれません」

その人の名前は隈川友絵《くまかわともえ》。新京成線みのり台駅からバスで一〇分のところにあるガーデン松戸店（パチンコ三八四台、スロット二五六台）で働いている。

パチンコ店には不特定多数の客がやって来る。飲食店やホテル、旅館と違って、予約するわけではないから、客が自分の名前を言うケースはない。顔と名前を一致させるにはまず、客の名前を聞き出さなくてはならない。どうやって聞き出すのか。そこがポイントだ。加えて、彼女は客の情報が頭に入っているという。隈川は「〇〇さま、お久しぶりです」とあいさつができる。愛煙家かどうか、どういう飲み物が好きか、どういうパチンコ台が好みなのか、趣味はなにかまで知っている……。では、彼女はどういった接客をしているのか。

「こんにちは」

隈川は小柄で痩せていた。笑顔である。口角が上がっていて、歯並びはそろっている。だが、本心から笑っているわけではないようにも感じた。彼女の仕事は、お客さま係である。

「いくつですか？」

「三〇歳です」と彼女は即答した後、苦笑した。

「初対面から年齢を聞かれたことは最近ありません」

隅川は茨城県生まれで千葉県育ち。だが、一五歳から三年間、たったひとりでイギリスに留学している。

「たぶん、冒険心みたいなのが強いんです。でも、思えば一五歳の女の子をひとりで送り出した親がすごいですよね」

イギリスでは介護の勉強をし、資格を取得した。そのまま暮らすことも考えたのだが、長く在住するにはビザを取得するために時間がかかる。そこで一八歳で日本へ戻ってきた。

帰国してからは、歯科医院の助手として働いた。ガーデンに勤めたのは、九年前からだ。

「歯科医院とは別の仕事をやってみたくなり、仕事を探し始めたんです。その時に、ガーデンを見つけました。パチンコは知っていたけれど、詳しかったわけではなかった。でも、自宅から近かったし、ほんの少しだけ勤めてみようと……」

当初、彼女はパチンコ店を「コワいところ」と思っていた。

「大人の世界というかあまりいいイメージはなかった。でも、時給がよかったので、やってみようかなって」

イギリスへ渡った時のような冒険心が、そこで再び湧き上がったのだろう。ちなみに、当時の時給は一三〇〇円。悪くはない。

「結論からいえば、ガーデンという会社が好きだから長くいるんです。入った時は二二歳でしたから、人生について、仕事について深く考えたことはなかった。でも、働いているうちに、それを考えるようになったんです。きっかけを作ってくれた、この会社が好きなんです」

彼女が持っていたパチンコ店の「コワい」というイメージはどこから来たものなのだろうか。

「〝コワい〟と感じていた理由は店内の音と光です。大音量が襲い掛かってくるようで、しかも機械はキラキラしているでしょう。右も左もわからない人間が入る空間としてはおそろしいと感じました。それと、入社してすぐ三日間の研修がありました。教えてくださったのは、背がすごく高い男性スタッフ。勝手に抱いた印象で申し訳ないのですが、威圧感があって」

研修で、コワいキャラの男性スタッフから手渡されたのが、ガーデングループの企業理念が書かれた冊子だった。

「『覚えてくるように』と宿題を課されました。『もし覚えられなかったら怒られちゃう!』と思って、車の中でも一生懸命覚えようとしたことを今でも忘れません。ただ、よくよく読んでみると、内容がいいんです。〝パチンコ屋さん〟が、こんなにしっかりとした、細やかな企業理念を持っているのか――と、すごく驚かされました」

冊子にあったのがG-MODEL。なかでも彼女の心をとらえたのは行動指針である「信頼の五項目」と「成長の五項目」だった。

「当たり前のことが書いてあった。でも、なかなか実践できないことばかりです。たとえば、信頼の五項目にある『自分を指さします』という言葉。失敗をした時、人は自分以外のところに責任を求めがちです。他人のせいにしたり、環境のせいにしたり。でも、そうじゃなくて、まずは自分を指さして、自分の行動を振り返り、次に自分ができることを探す。そんな意味合いを持っています。すごく感銘を受けた思い出があります。この言葉が好きだから私はガーデンで働いているんです」

いま、漫画やネットの世界には「名言」があふれている。企業理念というと堅苦しいもの、オヤジ向けのものと考えてしまうけれど、ガーデンのそれは若い人が名言と感じる表現になっている。だから、パチンコにいいイメージを持っていなかった隈川でも、すっと、その世界に入っていくことができた。

「産業報国」とか「処事光明」といった四字熟語の企業理念は若い人にはリアルではない。建前だけの言葉に聞こえる。また、「志高く、世の中の役に立つ企業になる」といった社会貢献の一般論では身近に感じられない。

ところが、ガーデングループに入ると、企業理念という名称の哲学的な命題を与えられる。簡単に結論が出てこない課題だからこそ、人は真剣に考えて悩む。

さて、隈川は押し付けられて読むのではなく、G-MODELを自らの仕事や生活にかかわる言葉として暗唱するようになった。

「怒られるから覚えなきゃ」から、「自分のために役立てる言葉にしよう」に考えは変わっていったのである。

接客のコツ

企業理念にはひかれたものの、パチンコ店での仕事に不案内であることに変わりはなく、彼女は現場の仕事では戸惑うことがしばしばあった。

覚えるのに時間がかかったのが、〝箱替え〟である。そこには、細かなルールが存在していた。

「今では出玉を自動計算するシステムが導入されていますので、箱替えは必要ではなくなりつつあります。ところが数年前までは大当たりして〝ドル箱〟が出玉でいっぱいになると、お客さまがいちいちホールスタッフを呼び、箱を替えていたんです」

鋼鉄の玉がいっぱい詰まった箱を動かすのは、小柄な彼女にとってはきつい作業だ。しかし、苦労したのはそこではない。箱の重ね方、並べ方だった。

「松戸店に入ったのは、グランドオープンしてから約半年後ということもあり、比較的大当たりが多かったんです。二〇箱を重ねるなどは、ごく普通にありましたから、箱替えは頻繁でした。その都度、どう対応するかに細心の注意が必要です。いかに玉がたくさん出ているように見せるか、いかにきれいに積むかということについて、とても細かいルールがありました。たとえば、〝階段式〟という手法では、横から箱を見た時にきれいな階段状にしなければなりません」

接客でも、ガーデングループでは細かなルールが決まっていた。たとえば〝分離式〟でのお辞儀である。

「まず、相手の目を見て、ごあいさつの声を出し、その後に深々とお辞儀をするのが分離式です。それ以外についてもあいさつの仕方やお客さまへの接し方などが、細かくマニュアル化されていました」

箱替えの難しさに比べれば、あいさつの仕方を覚えるほうが、隈川にとっては取り組みやすかった。

「知識や経験では先輩方にかないません。でも笑顔や元気なあいさつなら経験のない新人でもできます。そこだけは先輩方から注意を受けないよう、全力で頑張ろうと自分に言い聞かせました。実際この店に入ってから笑顔がすごく増えました。友だちからは『真顔でも口角が上がっているね』と言われます。じつは、新人研修の三日目に、コワいなと思っていた、あの男性スタッフが教えてくれたことがありました。

『意識を変えるだけでも、表情は変わるんだよ』

つまり形だけ笑っても意味がない。この仕事をすごく楽しんで、お客さまと一緒に楽しんでいこうと考えることが大事。それ以来、接客とか表情については、すごく考えるようになりました」

もちろん、ただ笑顔で接すればいいというものではない。

「まだ駆け出しの頃、思いっきりの笑顔で店内を歩きながら、なにかお客さま方のサポートをすることはないだろうかと目を配っていたら、負けているお客さまが『その笑顔が許せない。何を笑っているんだ』って怒りだして。謝りました。なるほど、負けている方にとっては、へらへら笑っているように見えたんですね」

〝へらへら笑いに思われた笑顔〟で客を不愉快にさせてしまった一件で、隈川は

「ひとりひとりのお客さまに合わせて対応することが大切」と学んだ。

以後、彼女はあまりに不機嫌そうにしている客のそばに行った時は笑顔を封ずるようにした。そうすると、クレームはこなくなった。

つまり、笑い方が重要だ。へらへら笑いと見られてはいけない。基本は極上の笑顔である。彼女の接客はそれだ。

「店は一〇時にオープンします。その前の九時半に整理券を配り始めます。お客さまによっては、そこで話をするスタッフが、その日初めて話をする相手ということも多いんです。その時に、ボソボソとあいさつするよりは、元気なほうがいいんじゃないかなと思います。なるべくひとりひとりのお客さまに合わせた接客をするよう心がけています」

ただ、ひとりひとりの客に合わせた対応とは、口で言うのは簡単だけれど、実践するのは難しい。そこで最大の武器となるのが「客の顔と名前を一致させること」になってくる。

隈川は決然と言う。

「いまのところ七六三人の顔と名前は一致します。それは総数です。一日に三〇人から五〇人は顔を覚えた方が来店されます」

七六三人と一の位の数字まで断言できるところに彼女の接客技術の高さを感じてしまう。

では、どのようにして客の名前を聞き出すのか。さらに、どうやって、客の特性を覚えていくのか。

「お得なポイントが貯まったり、余った玉を〝貯玉《ちょだま》〟として貯められる会員カードをお客さまにお勧めする機会があるのですが、それに入会していただく際、お名前をお呼びしたりして、覚えてしまうのが一つ。もう一つは、私の名前を覚えてくださった方に『お名前で呼んでいいですか?』と聞くことにしています。また、お客さまのお名前を覚える前に、まず自分の名前を覚えてもらうことを考えています」

各スタッフの名前は胸元のカードに書いてある。常連のなかには「隈川? 難しいからクマちゃんでいいかな」と笑って語りかける人がいる。そういう人に対して、彼女は名前を覚えてもらい、そして、名前を教えてもらう。

「会話をしたお客さまは、内容も含めて印象に残りやすいですね。それから、こういうご案内をしたら、こういう反応を返してくださった、といったことは、できるだけメモに残して忘れないようにしています」

客の顔とその特性を覚えていれば、接客に役立つのはもちろん、防犯や不正防止などトラブルを未然に防ぐ際にも有効だろう。

ここでもう一度思い出さなければならないことがある。隈川は正社員ではなく、アルバイトだ。どうして、ここまでガーデングループの仕事に打ち込むことができるのか。

「お客さまにとって、心地よい空間を提供できるようになることが目標なんです。お客さまのことを知っていれば、好みなどから察知して、言われる前に対応できます。冷房が苦手なお客さまには、サッとブランケットを差し出したり」

当然、隈川の評判は会社中に知れ渡っている。正社員への打診もあった。しかし隈川は、あくまでアルバイトとしての道を歩むことを選択している。

「やはり、生まれた頃から育ってきた地を離れたくなくて。家族がいて、友だちもたくさんいますから」

つまり、正社員になったら転勤も不可避だ。それは避けたいのだろう。

ただ、転勤がなかったからこそ、彼女は七六三人もの顔と名前を覚えたということもある。

そして、店内で様子を見ていると、彼女には存在感がある。親しい客からは、「クマちゃん、おはよう」「クマコ、元気か?」などと声がかかる。店内の様子がわからない客が最初に声をかけるのは、極上の笑顔の時の彼女だ。

ここに、ひとつの答えがある。初心者が声をかけやすいのは、やはり、「いつもにこにこ笑いながら店内をウォッチしている人」なのである。

彼女は「はい。そう思います」と言う。あらためて接客について考える。

「お客さまは、我々が思っている以上に、我々のことを見てくださっています。初心者の方、外国人観光客の方が入ってきたら、わかります。それとなく観察していて、目を合わせたら、何か質問されます。それからいつものように接客を始めます。

初心者の方だからといって、何か特別なことをするということより、誰に対しても同じように接する。毎日の積み重ねが、お客さまとの信頼関係につながる。この店で長く勤めてきて、私のなかにいまある結論です」

彼女が接客の達人になるには九年間の時間がかかっている。ガーデングループの接客がいいのは長く勤める従業員が多いからだ。

接客力を向上させるには従業員の待遇をよくすること、研修と教育を続けるしかない。それを少なくとも九年間、続けているうちに隈川のような達人が生まれてくる。

M&Aと新規事業

神奈川の新店舗を担当する、あるブロック長が言った。

「M&A（合併・買収）をした企業の店舗を引き継いでいるので、いまは独自の法人として『経営』しています」

店舗は「メガガーデン戸塚」だ。神奈川県横浜市にある大規模店舗で、パチンコ五〇〇台、スロット五〇〇台の合計一〇〇〇台が並ぶ。この店舗は他店舗とともに、ガーデングループが買収した店舗である。そして、買収した後、同店舗の売り上げ、利益は半年間で二倍に伸びている。伸ばすためのビジョンを描いたのは密山で、結果を出したのはブロック長をはじめとする同店のスタッフだ。

「M&Aの正式契約は二〇一五年の一一月。半年が過ぎました。売り上げは倍増以上になっています。以前は年間三五億の売り上げでしたが、このまま順調にいけば、二〇一六年期には年間売り上げ九〇億円は見込める店舗へ成長すると期待しています」

買収前の店舗は停滞していた。ところがガーデングループになった途端に客足は増えた。しかも、合併前にいたスタッフは全員が残った状態からの再スタートだ。いったい、どういったところが変化したのか。

「遊技人口の減少という流れのなかで、以前はローコスト経営を戦略の柱としていたようです。しかし、結果としてはジリ貧に追い込まれてしまった。それに対しガーデングループはコストをかけて、お客さまを増やして、売り上げを伸ばしていこうというのが基本的な戦略です。現時点では、それが功を奏して息を吹き返したというわけです」

具体的には、たとえば機械だ。旧店舗は七〇〇台だった。うち、三〇〇台だけを残し、七〇〇台の最新機種を投入した。

「場所をどう確保したか？　それは私が図面を見た時にはもう決まっていたんです。密山社長の判断でした。なにか必要なスペースがなくなったわけではないのに、三〇〇台ものパチンコ台を新設できるなんて、まるで手品のような話です。社長の経験値ですね」

密山は現場を見て、従業員の休憩場所が何か所にも分かれていることに気づき、そこを集約して、台を置くことにした。それだけのことなのに、三〇〇台を増やすことができた。パチンコ台七〇〇台と一〇〇〇台では客に与えるインパクトが違ってくる。そして、なおも新台投入を積極的に行っていくという。

なぜ、新しい台が客を呼ぶのか。

「スマホと同じですよ。新しいのが出たら使いたくなる人がいる。それも大勢いるのです」

パチンコ愛好家なら、それ以外の答えも出てくるだろうが、パチンコになじみがない人にとっては、この言葉はもっともわかりやすいものかもしれない。要は、いかに〝飽きさせない〟ようにするかが、生き残りのために必要な大きなカギとなってくる。

貸し玉の単価も合併前と合併後では対照的だった。合併前は「一円パチンコ」どころか、もっと売り上げ単価の低い貸し玉を採用し、より広く利用してもらう方針をとっていた。それに対し、合併後は風営法で定められている上限の四円パチンコ、二〇円スロットを主体にし、低単価の比率を半分以下にまで落とした。

「遊技人口の減少と、庶民の懐具合の悪化により、低単価を前面に打ち出すパチンコ店が増えているのは間違いありません。ある意味、当然の方策なのです。でも私たちはシュリンクする業界にあっても積極果敢に行こうと思っているのです」

ローコスト経営からの脱却は、じつは昔の客を呼び戻すことにもつながっている。

「ローコストで常連になったお客さまがいる一方、やっぱり、離れてしまったお客さまも少なくなかった。この店には以前から長く勤めているスタッフもいるのですが、ガーデングループに変わり、『昔のお客さまが戻ってきてくれています』と言うんです。それがひとりやふたりではない。何人も、何人も。やはり新しい台を含め、何らかの変化を求めるお客さまが多いのでしょう」

M&A前後では接客にも違いがある。

「以前からのスタッフはほとんど店に残りました。ただ話を聞くと、前の店舗では、接客研修にそれほど本格的に取り組んでいる様子はありませんでした。当社には『CS課』という接客マナー研修を専門に行う課があります。動作ひとつをとっても、きれいな所作を追求したり、不快感を与えないセールストークの仕方をロールプレイングを通して磨いたり。まずは、そうした研修をCS課が入り込んで、徹底的にやります」

従来店舗の接客が決して悪かったわけではない。むしろ、それが業界標準だった。そして、同じ客に繰り返し来店してもらうことに主眼を置いた経営戦略だったため、フレンドリーな接客、わかりやすく言えば、馴れ馴れしく接するスタイルとも言えた。これに対し、ガーデングループではマニュアルを重んじながらも、客の様子を見て、フレンドリーさを醸し出す接客にしている。隈川がやっていたような、ひとりひとりに応じた接客だ。

いまは飲食店でもパチンコ店でも、話しかけてほしい人もいれば、誕生日など個人情報を一切、漏らしたくない人もいる。以前のように、「誕生日にはサービスします」と言われても、店に教えない客がいる。ポイントが付くからといって会員登録をしたら、読みたくもないメールが届く。そんな目にあいたくない人は着実に増えている。個人情報を外に漏らせば漏らすほど、不快なことが多くなることが一般常識になりつつある。

では、ブロック長はパチンコ店における接客についてどう考えているのか。

「基本のマニュアルや接客マナーはしっかりとしておく。あとはお客さまに応じて、あるいは、状況に応じて都度、判断しながら対応することが求められています。パチンコ店の接客には、この判断力が重要なのです。

『今日は負けたけど、〝あの店員〟がいるから、また来ようかな』と、そうなるような接客が理想でしょう。ガーデングループの強みの半分は社長の経営力、そして、残りの半分はそれぞれの社員、アルバイトが持っている接客力。このふたつです」

いつも来ている客だったのに、最近、店で顔をみかけない……、そんなことがあった場合には、「最近お顔をみかけませんが、いかがされましたか」といった内容の手紙を出すこともある。あるいは、「手術で入院するからしばらく来れないんだよ」という客には、千羽鶴を店のスタッフ全員で折って贈ったりもする。

ただし、それもあくまで、客のキャラクターを見ながらやるサービスだ。

また、メガガーデン戸塚に客が大勢、やってくる理由のひとつが最寄り駅と店舗を結ぶ無料のシャトルバスだろう。雨の日になると、客ではない人が乗ってきたりもする。だがそこは地域貢献のひとつと位置付け、受け入れている。シャトルバス効果で二割ほど客が増え、投資に対する効果は上がっているという。

他にも同店の地域貢献策は店の前の駐車場に屋台を出し、誰もが参加できる小さなお祭りを毎月一回、開催している。
メガガーデン戸塚の売り上げを倍増させた裏にはシャトルバス運行、お祭りの実施といった地域への貢献策がある。

わたしが見たいまのパチンコ店とは

密山とガーデングループを知るために、わたしはパチンコ店を訪れた。ガーデンの八潮、松戸、戸塚の各店舗、かつて一号店のあった北浦和の駅前パチンコ店（ガーデンの店ではない個人店）、品川駅を下りてすぐのところにある店、渋谷の駅前店……。

学生時代以来、ほぼ三〇年ぶりにパチンコ店に入って、最初は大音響をうるさいと感じた。しかし、一〇分もすれば慣れてきた。慣れてしまえばなんのことはない。タバコのにおいはどこの店でもしなかった。それよりも柑橘系、ミント、ラベンダーの香りがする。

遊技自体はあれよあれよという間に玉がなくなった。従業員に教わろうとも思ったけれど、わたしの場合、予算が少なかったから、相談するほどでもないと思った。

来ている客は常連と高齢者だ。若い人の姿は少ない。わたしが行ったのが午前中ということもあるだろうけれど、どこの店でもそれは変わらない。男女客比率は七対三くらいだろう。見た目には女性が多いと感じた。実際、業界の統計でも女性の比率は高まっている。

店内での感想はそこまでだが、わたしの印象に残ったのはチェーン店と個人店ではまるっきり施設、雰囲気、従業員の態度が違うことだ。両者の違いを他の業界にあてはめてみるとよく理解できる。

パチンコ店のチェーンと個人店の違いは回転寿司のそれに似ている。回転寿司も以前は個人店が多かった。いずれも小規模の店で、駅前に位置していた。施設も寿司が流れるベルトコンベアが設置されているくらい……。ところが、最近の回転寿司は様変わりしている。大型化が進み、一〇〇席以上の店も稀ではない。ロードサイドのショッピングモールのなかにあるのが通例で、電子化も進行している。注文はタブレットで行う。店内装飾も電子画面とＬＥＤで満艦飾だ。

接客もチェーンの方が断然いい。特に大型店は接客に力を入れている。回転寿司の店はランチタイムになると行列ができる。客を待たせないための工夫としてインカムをつけた従業員が絶えず店内の司令塔と連絡を取っている。一方、個人の回転寿司店では事実上、接客サービスはないと言っていい。

回転寿司を見ていると、いくつかは残るだろうが、いずれ個人店は消えるだろうと思われる。北浦和の有楽会館だって、同じだったろう。もし、密山が多店舗化を決断していなかったら、確実につぶれて消えていた。

ガーデングループが成長したきっかけは「このままではつぶれる」という危機感だった。その後、企業理念を作り人を集め、銀行から借金をして会社を大きくした。基本的にはこれだけだ。だが、タイミングが良かった。パチンコのマーケットがもっとも伸びている時に決断をした。

だが、今後はそうはいかない。このまま成長が続くかと思ったらそうはいかない。遊技人口の減少はあと二〇年から三〇年は続くだろうから。
その前に問題を解決していかなくてはならない。

パチンコという業種の問題点

二三兆円もの産業なのに、パチンコホール各社は株式を公開することができない。機器メーカー、周辺機器、部品メーカー、パチンコホール専門の広告代理店などは東証一部あるいはジャスダックに上場しているのに、パチンコホールだけが公開できないのはどこかおかしいのではないか。

二〇〇六年、東京証券取引所は次のような理由で上場申請を却下している。

「パチンコホールの営業形態には完全に合法とは言い切れない側面があり、厳密な意味で投資家の保護を保証できない」

だが、ホールが「完全に合法」とは言い切れなかったら、関連する機器メーカーと周辺産業も同じだろう。ホールがなくなって周辺産業だけが生き残ることは考えられないのだから……。二〇一六年末に法案が通り、いずれ日本でもカジノリゾートがオープンする。カジノが日本に出現するのだから証券取引所もパチンコホールを上場させるかどうかの議論を始めるに違いない。

しかし、現在のところ、パチンコホールは上場できないことで、ずいぶんと損をしている。大学を出た人間がなかなか就職先に選ぼうとしないのは、「社会的に認知されていないし、業界イメージがよくない」と感じているからだ。

だが、パチンコホールでは毎日、庶民が楽しんでいる。遊びながらストレスを発散させている。

それにもかかわらず、証券取引所はパチンコホールの存在を認めようとしていない。

それはやはりイメージがよくはないからだ。昔のままのイメージが社会に浸透しているから、証券取引所はなかなか見解を変えにくいのだろう。

それでは、パチンコ業界はイメージをよくするために何をすればいいのか。

イメージアップのためにやること

業界はそれなりに努力をしている。

業界大半はいずれも社会貢献に力を入れている。たとえば東日本大震災で節電が促された折には店舗の電気を消したり、営業を自粛した。だが、その行為はイメージアップにはつながらなかった。かえって、「パチンコ屋はそれほど電気を使っていたのか」と思われたにすぎない。

以降もパチンコホール各社は店舗のある地域の緑化に貢献したり、地域のイベントの後援をしている。スポーツイベントのスポンサーになっている企業も多い。だが、ほとんどの人はそのことを知らない。

加えて、業界大手はテレビを始め、メディアに広告を打ったり、大きなイベントを主催している。では、テレビCMが企業のイメージアップになっているかといえ

2015年11月19日　ガーデングループのコンシェルジュ

ば、これまた疑問だ。広告代理店やコンサルティング会社はさまざまな数字を見せて、「これこれこういう効果があります」とは言うだろう。しかし、実感としては、広告したからといってパチンコ業のイメージがよくなったとは考えにくい。

個々の企業が自社のために広告をやったとしても、パチンコ業のイメージは変わらないのではないか。それぞれか散発的に地域貢献したり、社会貢献したり、業界についてPRするよりも、もっと幅広い視野で、しかも人々が喜ぶことを考えなければ、業界のイメージアップは実現できないと思われる。

どうすれば業界イメージはよくなるのか

業界全体のイメージを変えることは可能だ。それは売り上げを大きくすることだけでは足りない。業界全体の存在感を高めて、多くの人を雇う。同時に、「人々が必要とする企業」になることだ。一般の人々の生活に必要な企業になれば、親近感がわく。そうすれば業界イメージも次第によくなっていく。

たとえば運送業がそうだ。かつての運送業は大学生が就職したい企業とは言えなかった。ところがいま、ヤマト運輸でも佐川急便でも、人気企業になっている。その理由はイメージ戦略が奏功したからではない。

佐川急便の場合、ふんどしをした飛脚のロゴマークを変えたことは大きかっただろうけれど、運送業自体のイメージが変わったのはそうした表面上のことではない。なんといっても宅配便という商品のおかげだ。宅配便が一般的になるまで、運送業の人間が家庭を訪れることはまずなかった。郵便局員は身近だったけれど、運送業の人間とは話をする機会はなかった。宅配便の登場以前、人々が荷物を送る機会は、お中元とお歳暮くらいのものだった。日常的にモノを送ることはなかった。それが今では誰もが少なくとも三日に一度は宅配便のドライバーと顔を合わせるようになった。

このように「生活に必要な産業」になれば、親しみが増す。親しい存在になればそのうちに自然とイメージは向上していく。毎日のように顔を合わせて、話をすれば宅配便のドライバーの人柄もわかってくる。ドライバーの接客技術も向上してくるし、ユニフォームを変えようともなる。そのうえで、会社の存在を宣伝すれば「生活に必要」だと周知することができる。イメージアップには宣伝が先なのではなく、生活に必要な産業になることから始めなくてはならない。

では、どうすればパチンコはみんなに必要とされる産業になるのか。遊技人口を増やすことなのか？

だが、いくら増やしても老若男女に必要にはならない。風営法により規制されているから一八歳未満は遊技できない。

印象をよくするためにはパチンコ産業は子どもにとっても必要な産業にならなくてはならないのである。

では、老若男女に必要な産業になるには何をすればいいのか。

思い切って視点を変えてみることだ。

それは働く人を増やすことだ。いまよりも大勢の人間を雇用する。雇用を大いに増やして社会貢献する。パチンコ店舗のなかの仕事は接客業だ。老若男女、誰もができる。確かに一八歳未満は遊技はできない。しかし、高校生がアルバイトできないわけではない。ホールのなかでなくともいい。付属の飲食施設でアルバイトすればいい。

パチンコ業界全体（就業人数　約三〇万人）が雇用を現在の一・五倍に増やし、四五万人規模にすれば、総合スーパーで働く人員（約四〇万人）よりも多くなる。そして、総合スーパーよりもほんの少し時給を高くすれば、働きたい人は集まってくるだろう。家計も助かる。老若男女が喜ぶ。また、仕事をしてパチンコ業の現場を体験すれば、そこに何があるかは誰もがわかる。よりいっそう身近な産業になる。むろん、パチンコ各社の人件費は増えるだろう。その場合は販促費、広告費を減らせばいい。

それくらいのことをしなければ業界のイメージアップはできない。そして、広告代理店を雇うとすれば、「雇用に貢献していることをアピールしたい」と伝える。もし、わたしがパチンコ業の経営者ならば、まずそこから考える。販売促進策に大金を使うよりも、業界が一丸となって、少しずつでも雇用を増やした方が社会貢献になる。

業界イメージを変えるための子育てママ支援

ただし、パチンコ業界に勤めるアルバイトの数を増やすだけでは世間からの認知は高まるけれど、イメージアップにはまだ不足かもしれない。そこで職を提供するだけでなく、社会の人々が悩んでいる問題を解決に導くことを実現できれば一石二鳥ではないか。

いまであればたとえば待機児童の問題だ。つまり、子育てママに働いてもらうための施策をパチンコ業界が考え、そして解決する。

待機児童の問題を解決しようとする人はすぐに「保育園を増設せよ」と主張する。だが、すぐには難しい。園の敷地も見当たらず、保育士の増員が短時日にはできないからだ。

そこで、待機児童の問題について、本質的なことを考えてみる。

「果たして子育てママは子どもを保育園に長時間、預かってもらいたいのだろうか」

実は、そんなことはない。彼女たちの本当の望みは子どもと一緒にいることだ。生活費が足りないから外に出て働かなければならないけれど、本心は子どもと一緒にいたい。もっと言えば、子どもと一緒に働く場所があればいい。

整理すると、彼女たちはできるだけ子どもと一緒に時間を過ごしたい。でも生活費が足りないから、少しだけ働きたい。

もちろん、自分のキャリアが大事という女性もいるだろう。しかし、たとえ、そうであっても、一年間くらいは子どもと一緒に短時間働くところがあればそちらを選ぶのではないか。

しかし、現実として、そんな職場はあるのか。

ある。

わたしは一か所、知っている。その職場がやっていることを参考にしてパチンコ業界は子育てママを応援すればいい。

吉祥寺に「肉山」という料理店がある。同じ名前を冠した店は現在、九店舗。お決まりのコース料理が五〇〇〇円。さまざまな肉料理が出てくる。二〇一二年にオープンした店で、席数は二二。一日に三回転もしているけれど、つねに半年先まで予約が埋まっている。

経営者の光山《みつやま》英明は小さな子どものいるママに仕事を提供している。同店の創業時のスタッフが結婚し、子どもができた。小さな子どもがいるから夜の営業時間は働くことができない。

そこで光山は考えた。昼と夜の間に店舗の掃除、食器のセッティング、米とぎをやってもらうことにした。ママは子どもと一緒に店にやってくる。子どもは店のなかで遊んでいる。仕事は二時間。報酬は四〇〇〇円だ。週に五日、働けば月に八万円になる。午前中は子どもと一緒に過ごすことができる。もし、お金がもっと欲しければ午前中だけ、他の仕事をすればいい。その間、子どもは幼稚園に預ける。保育園と違い、幼稚園ならばほぼ入ることができる。

もっとも、まだ一軒だけの試みだ。しかし、彼の店でやっていることを参考にすれば、待機児童の問題を解決するプランは出てくる。

全国にあるパチンコ店もしくは付属の飲食店で、もし子育てママに職を提供することができればママたちは助かるし、喜ぶに違いない。子育てママを支援するヒントはこれに限らず、他にもあるだろう。パチンコ業界はそれを考えるといい。

密山の考え

ガーデングループの現況、これからのことについて、密山に訊ねたら、次のように答えた。この人はインタビューだからといって、メモを用意したり、肩に力を入れて答えたりしない。声を張り上げたりせず、雑談をしているように話す。

「僕自身は自分のことを成功者なんて思ってないんですよ。ただ、店を作らなきゃ、つぶれると思って始めただけです。ひとつの店舗を四つにしようと思った。四つあればたとえ一軒がつぶれても、会社は何とかなる。すべては危機感から始まった。いまもその危機感は続いていますよ。

うちは業界では三〇位といったところでしょう。大したことないんですよ。ただ、今後、どこの会社も売り上げを落としてくると思います。それは低玉と呼ばれる一円もしくはそれ以下のパチンコが増えていくからです。四円のパチンコの機械を一円に変えただけで売り上げは四分の一になる。ですから、これからは売り上げよりも利益をどれくらいとることができるのかの競争になっていく。

でも、私は業界で何位になりたいというモチベーションもない。成長していかなければ社員の給料を上げることができないから、成長は目指す。しかし、そのことを自慢するつもりはない。うちが自慢できるのは業界のどこよりも、社員、アルバイトの待遇がいいこと。それだけです」

では、密山にとって目標とは何か。数字ではないのか。

「数字ではありません。いまだに生き残ることなんですよ。正直に言えば、どんな状況になっても、オレのところだけは生き残る。その気概しかない。これに尽きます。私は決めたらやることは早い。でも、決めるまでには時間がかかる。多店舗展開のアイデアを考えた時もそうでした。時間がかかりました。いったい、何を考えていたんだと自分に向かって、どやしつけてやりたい気持ちもあったくらいです。ほんとうに、あの時、仕事だけでなく、人生についていろいろ考えたんですよ。人間はいかに生きるべきかとか、自分はどこから来てどこへ行くのだろうか、生きる意味とは何だろうと。結局、答えは出ないんですけれど。

そうしたら、考えている時間があったおかげで、業界が成長したいちばん最後になんとか間に合った。店を出すことができた。決定は遅かったけれど、タイミングが良かった。あとは運ですね。運でやってきた。私の運の半分はほんとの幸運でした。でも、あとの半分は運を引き寄せるための努力です。運を引き寄せるには努力くらいはしなくては。結局、私は肝っ玉が小さくて臆病なんです。さぼっていたら落ちていくだけと不安なんです」

彼は本を読むことが好きだ。あとはマラソン、ゴルフ、富士登山。身体をきたえている。すでに四人の子どもは成人している。長男はガーデングループの社長室長をしている。ひとりはまだ大学生だが、他はそれぞれの仕事をしている。子育ての義務は果たした。

あとは今後のガーデンの経営をどうするか、だけだ。

「企業は同じことを繰り返し実行しているだけでは必ず衰退します。間違いなく、死につながる。つねに変わり続けなくてはならないのだけれど、経営者がひとりで考えただけでは会社は変わらない。社員やアルバイトの意見を吸収しただけでもまだ足りない。

勉強すること、情報を入手すること、そのために努力すること。これだけです。

私は経営が好きだと思う。そのこと自体が好きだから経営している。お金や名誉のためではない。お金は大切だけれど、ある程度以上を過ぎると、お金は関係ありません。モチベーションにはならない。私が自由な時間に何をしているかといえば、読書、スポーツ、旅行、食事。そんなものです。大金はかかりません。そうなるとやはり、仕事が好き、経営が好き、勉強が好き。でもね、勉強は好きだけれど、すごく頭のいい人にはならないとわかりました。自分が頭のいい人になるのは無理だから、頭のいい人が協力したくなる人になればいいと思ったわけです。

勉強して考え続けていれば、何か引っかかるものが出てきます。いくつか新事業を始めましたけれど、それもアンテナに引っかかってきたから始めたものです。ペット保険、雑貨販売、映画、化粧品……。どれもまだこれからです。どれも何とか赤字は解消しつつあります。

結果といえば映画事業かな。高倉健さんをテーマにしたドキュメンタリー映画

『健さん』がモントリオール国際映画祭で最優秀作品賞を受賞しました。アジアの映画では初のことで、中国での公開も決まりましたし……。

あらためて言いますが、新事業をやるのは変わり続けなくてはならないからです。優秀な人たちと共同作業をすることで、社員は変わる。私はいまだに焦っているのかもしれません」

彼は危機感を強調するけれど、力んで言っているわけではない。力を抜いて、「ほんとに成功している気なんてないんだよなあ」と呟く。

密山が好きなのは人の話を聞くことと人と食事をすることだ。特に、食事をする時に、彼のキャラクターが現れる。何度か現場を見たけれど、細心の注意を払って接待している。たとえば数人で食事をするとしよう。相手が三〇年来の友だちであっても、当日のメニュー、相手が好きな酒の種類、座る場所、お土産には何がいいか、相手が好む話題……、すべてを考えてなおかつメモしていかなくては気が済まない。他人に気を遣うことが体質になっているのだろう。それも、相手が銀行の頭取や得意先だから万全の準備で臨むわけではない。

息子のガールフレンドと焼き肉屋へ行く時でさえ、「お前はここに座って、彼女はお前の前の席だ」と細かく指示している。招かれた方は誰でも「丁寧な人だな」と感じる。

彼が持っているリーダーシップとは上から指示することでもないし、命令することでもない。会食の現場で接待するように、相手の気持ちを考えて、相手がやりたいことを助けてあげることだ。

もっと言えば、やらせるよりも、自主的に行動させた方が人は結果を出すとよくわかっている。

「事業って、結局、人だなって思う。新事業のひとつで雑貨販売をやっているのですが、社長を替えたら、とたんに売り上げが伸びた。やっていることは同じでも、部下がやる気を出すんでしょうね。

ただ、僕は人を見る目があるわけじゃないんですよ。面接でも、とにかく入社させようと言ってしまう。専務（祥赫）や常務、うちの長男（社長室長）の方が僕よりもはるかに人を見る目を持っているような気がする。僕自身は人はわからない。

人は成長するかもしれないし、しないかもしれない。目の前の人が五年後にどうなっているかなんて、僕にはわからない。でも、チャンスはあげようと思う。

今後の課題はどこの会社もそうかもしれませんが、次の世代のリーダー作りです。ジュニア・ボードっていうのを作りました。新卒二年目から五年目くらいの社員が疑似役員会を開いて経営者になってもらう。そこで出た提言は採用します。

ガーデングループの社員、アルバイトって、僕も含めてみんなが優秀ってわけじゃないんですよ。特別にいい大学を出たわけじゃないし、成績がいいわけでもない。会議でうまく発言できるわけじゃない。みんなそれぞれコンプレックスを持っている。でも、前を向いて力を合わせたら、優秀な人たちの集まりにも勝つことができる。私がやることはチームワークで勝つ作戦を考えること。

うちの社員に小久保っているでしょう。コワい顔したやつ。あいつ、そば屋の息子で、一度やめた後、また戻ってきたんです。以来うちの会社は、『逆戻り制度』を作りました。一度退職しても、また戻ってきていいんです。

私が賭けているのは人間ですよ。社員、アルバイトを食わせなきゃいけないから、ひとりひとりに賭けてきた。うちを退社した人間に次の会社を紹介したことも何度もあります。そいつに賭けたんだから、ずっと応援はしたい。それで、こういうことを言うと、偉そうですけれど、人に賭けて、負けたことはほとんどありません。勝ってます」

——密山根成からの手紙——

野地さんと初めてお会いしたのは、お世話になっているK2の長友啓典先生との会食の場でしたね。飲みながら話していたら初対面にもかかわらず私の自伝を書きたいという話になって驚きました。まだまだ人生これからだと思っているし、そもそも自伝を書いてもらえるような立場ではないと断り続けてきたけれど、会社に若い社員やM&A等で中途入社の社員が随分増えてきて、私についてのことをよく訊かれるから本当は全部直接話したいけどそれも難しくなってきたなと思って、会社が六〇周年を迎えた節目に書いてもらうことにしました。

当社には毎年の長期休暇と別に五年に一度リフレッシュ休暇があります。私は今年で社会人四〇年目になったから、リフレッシュ休暇を利用してイタリアに来ています。村上春樹さんの紀行文集を読んでいたら、トスカーナ州のキャンティ地方のドライブは、人生におけるひとつのハイライトになり得るかもしれないとあって、どうしても行きたくなり、男三人で来てみました。想像以上に田舎でしたが素敵なところで、日本とは時間の流れ方が違います。ボーっと葡萄畑や赤レンガの建物を見ていると、日本で野地さんのインタビューを何回も受けたからか、昔のことをよく思い出して、上手く話せなかったことや改めて伝えておきたいことを、少し照れるけど手紙を書いて伝えることにしました。口では上手く伝えられないことも、時間をかけて手紙を書けば伝えられるかなと思ったからです。なにしろ田舎で時間はたっぷりありますし（笑）。

まず、創業の地である北浦和について。インタビューを受けてからあの店のことをよく思い出します。話した通り、私は北浦和に他店が進出してきて、このままだと淘汰されるという危機感から多店舗展開を決意したけれど、残念ながらその予想は的中して、当社の中では業績不振店となり、二年前に物件を売り渡しました。でも、今回あのお店の話をしていると懐かしいし、私にとっても社員にとっても思い出の詰まった第一号店だから、多少の赤字でも営業を続けて、売ることはなかったかなというふうに思ったりもしました。だけど、さらによく考えると、やっぱりあの店は売って良かったと確信が持てることが2つあります。一つは買い主の方が非常に熱心で、今は素敵なライブハウスとして活用されていること。若い人が沢山出入りしているのを見ると「場所」として今の方が幸せな形だろうということを感じます。ふたつ目は、社員にとってもそうだけど、何よりも私にとってダメなものはダメだという戒めになったことです。創業の地ですら決断して売り渡したわけだから、今ある店舗や今後展開していく店舗についてもダメだと判断したら迷いなく実行する。苗木じゃないけど、ダメな枝を切ることで、会社全体としてより良い果実を生むことができると思うし。北浦和に限らず、ダメになる店舗を一つも創らず、出店する店舗が全て成功すれば理想としてはいいけれど、それはやっぱり現実的じゃないと思います。

　私の感覚を野地さんに上手く伝えることがインタビュー中はできなかったと思うので、その後で例えを考えてみました。毎年海外研修旅行で全社員と海外に行きますが、海外にはカジノがありますよね。私は株を買うことになってからはギャンブルをあまりやらないけど、カジノではバカラを楽しみます。そのときは一日で賭ける金額は一〇万円までと決めていて、周りの人に笑われちゃうくらいあっという間に負けることもあるけれど、それ以上は一円も賭けない。一週間毎日負けて七〇万円負けても、その日の上限以上は絶対に賭けない。そういう賭け方をしているとドカンと勝てるときがある。負けは一定、勝ちはドカンと。書いてみて、分かりやすい例えか分からないけれど、事業についてもリスクを取らないと何も始まらない。リターンを求めるには必ずリスクはつきまといます。でも、ダメなものにズルズルと投資を続けることは無く、決めた一定の負けになったらスパッと撤退を検討する。実際の事業は地道なものなので、カジノのようにドカンとリターンとはなかなかいきませんが。そうした感覚で店舗展開を続けてきました。

次は業界について。インタビューで野地さんに「業界は誤解されている、悔しい部分があるんじゃないですか」と聞かれたときに色々と思うことがあって答えられなかった。結論からいうと、確かに誤解されている部分もあるし悔しいと思うこともあるけど、多かれ少なかれ、そうしたことはどの業界でもあるよな、ということです。

私が新卒で働いていた不動産業だって悪く言う人はいたし、車だってあんなに便利でも極端な言い方では、交通事故の元凶だと言う人もいる。でもそこで働いている人は世評を気にせず一生懸命働いていると思います。私たちの業界でも間違いなくそうです。

私が悩んでいたのはパチンコ業界はお店とお客さまがWIN-WINの関係になりにくいということです。ホールとお客さまでどちらかが勝てば、どちらかは負けるというのは変えられませんからね。私は不動産のセールスでも、自分が良いと思った物件はいくらでも自信をもって売れたんですけど、自分が良いと思えない物件は売れなくて。先輩には悪い物でも売れるのが本当のセールスマンだなんて叱られたりもしましたけど、なかなか納得できなかったです。そんな私の性格だと、この業界での仕事はジレンマがありましたね。

それについてはピーアークの庄司正英社長（当時）の言葉が凄く印象に残っていて、パチンコは「時間消費型産業」だ、と。勝ち負けだけでは無く、お客さまが楽しい時間を過ごす対価としてお金を頂くという考え方が腑に落ちて、それからはどうしたらお客さまが楽しい時間を過ごせるかということを追求できたと思います。

そうしたことが、今の店舗での接客や考え方に繋がっていると思いますね。

他にもダイナムの佐藤洋治社長（当時）が自社だけでは無く、業界全体が成長して良くならなければダメだと、パチンコにおけるチェーンストア理論だったり、業界発展のために手の内をさらけ出してまで良くしていこうという思いを感じて、刺激と感銘を受けましたね。業界には不当に悪い面にライトが当たってしまうことに不満が無いわけじゃないけど、そんなことを愚痴ってる暇があったら限られた環境で頑張ろうという思いです。過去には警察や諸団体の規制に対して不満を言ったり対応できないで辞めていった人が私の周りでも随分いましたし、私自身が不満に感じたこともありました。でも、あるときふと思ったんです。そうした規制に守られている部分があるし、むしろ今の業界があるのは、そうした規制があったからじゃないのかなと。その中で諦めずに頑張って来た人達が、今の業界を創っているんじゃないかなと。今は他事業にも展開していますが、例えば映画業界なんて日本では大手3社による寡占状態ですからね。それに比較すれば、よほどチャンスがあるし健全な競争だと感じます。

最後にこれからについて。毎年、全社員が集まって、事業年度の反省や表彰、次年度に向けての決意表明をする全社大会という場があってホテルでやったのですが、今年は会社が六〇周年ということで、社員が私にサプライズでプレゼントをしてくれたんです。そのうちの一つとして、例年は来ない、母である前社長が来て花束だけ渡しにということだったみたいですが、どうしてもということで母がその場でスピーチしたんです。私も昔のこと過ぎてよく覚えてなかったのですが、高校三年生になって父が他界してパチンコをやるしかないってことになったときに、パチンコを継ぐのが嫌で私はどうしても嫌で嫌で、母と言い争いになっていよいよ「出てけ！」という話になったみたいなんですね。母も仕事があったので、外出して夜に戻ってくると私が昼からずっとその椅子に座っていて「なんで出て行かないの？」と母が言ったら、私は「パチンコは嫌だけど、お店で働いてくれている人のためにやる」なんてことを言ったらしいんです。母はその当時は数えられるくらいしかいなかった社員が、全社大会の場では四〇〇人くらいいたことに感無量でスピーチの途中で話しながら泣き出してしまって。夢が叶って良かったねということを話してくれて。私も社員も、もらい泣きしてしまったのですが、そのとき改めてつくづく感じました。私ひとりでは何もできなかったと。

当社の企業理念であるG-MODELも今のものは二〇〇九年に全社員プロジェクトで創ったんです。会社も理念も、全部仲間と一緒に創ってきたんだなと。企業理念に「ふれあう人々の～」という部分があるのですが、そこには当然社員だけでなく、お客さまもお取引先様も含まれていて、本当に皆さんのおかげだと感謝しかなかったです。そこまで、感謝しても週明けて会社に行くと、また厳しく叱っちゃって嫌になっちゃうんですけどね（笑）。短気でわがままな部分がある私に、それでもついてきてる人と、企業理念が本当の意味で実現できるように、日本に帰ったらまた頑張るぞと思っています。

一一月二八日

密山根成

いい手紙だったから、そのまま「あとがき」に代えて、掲載することにしました。

二〇一七年一月

野地秩嘉

G-MODELとは

ガーデングループの目指すべき姿として「G-MODEL」を掲げています。これは「**Mission**」「**Vision**」「**Value**」の三つの骨子とその理念を日々実践していくための「**G-Basic**」で構成されており、イノベーターとして進化し続ける姿勢を込めています。「G-MODEL」をすべての活動の指針とし、お客様はもちろん、地域や社会を含めた「ふれあう人々」に貢献できる企業グループを目指していきます。

Mission /企業理念

私たちは、一人一人が経営者として常に改善変革を続け、ふれあう人々の楽しさと豊かさを実現します。

Vision /2020年までに達成すべき未来像

私たちは、楽しさと豊かさを実現するために最高のチームとして、

一、常に勝ち続けます。
一、信頼関係と笑顔を創り出し、CS・ES No.1になります。
一、次世代リーダー・経営者を輩出する事で、新しいステージに挑戦します。

Value /行動指針

【信頼の5項目】
① 約束し守ります
② 自分を指さします
③ 率直に指摘します
④ 可能性に集中します
⑤ 相手の大切を大切にします

【成長の5項目】
① 素直・勉強好き・プラス発想
② 自ら考え即実行
③ ストレッチ（背伸び）
④ スピード
⑤ PDCA

G-Basic

「Mission（企業理念）」を実現するために、私たち一人一人が具体的に取り組む“課題”であり、日々“特に意識する項目”を決めて全社員が共有して取り組みます。

取材協力者

ありがとうございました。
みなさんのおかげでこの本はできました。

（敬称略）

青羽健二
小久保弘康
牧野哲也
阿部圭太
斎田　求
密山かよ恵
岡村耕司
坂本幸男
密山祥赫
加藤喜久雄
杉山友和
密山暉和
隈川友絵
中村　翔
密山根成

野地秩嘉 Tsuneyoshi Noji

1957年、東京都生まれ。早稲田大学商学部卒。出版社勤務、美術プロデューサーを経てノンフィクション作家に。人物ルポルタージュ、ビジネスから、食、芸術、海外文化に至るまで幅広い分野で執筆。著書に『キャンティ物語』(幻冬舎文庫)『TOKYOオリンピック物語』(小学館文庫)『高倉健インタヴューズ』(小学館文庫プレジデントセレクト)『川淵キャプテンにゴルフを習う』『なぜ、人は餃子の王将の行列に並ぶのか?』(共にプレジデント社)ほか著書多数。

北浦和のパチンコ店が
1000億円企業になった
埼玉・ガーデングループの小さな奇跡

2016年12月20日　第一刷発行
2017年3月30日　第二刷発行

著者　野地秩嘉

発行者　長坂嘉昭

発行所　株式会社プレジデント社
〒102-8641　東京都千代田区平河町2-16-1 平河町森タワー13階
http://str.president.co.jp/str/

電話　編集 (03)3237-3732　販売 (03)3237-3731

装丁　長友啓典 + 大橋実央 (K2)

編集　桂木栄一

取材協力　小澤啓司

制作　関結香

販売　高橋徹・川井田美景・森田巌・遠藤真知子・塩澤廣貴・末吉秀樹

印刷・製本　図書印刷株式会社

ISBN978-4-8334-2205-5
Printed in Japan